KB065712

소중한 마음을 가득 담아서

_____ 님께 드립니다.

지은이 한경옥

울산에서 '열정 파워강사'로 通하는 작가, 한경옥. 그녀는 마흔이 넘도록 꿈이 없었다. 늦깎이 만학도의 길에 오르면서 비로소 꿈에 발동이 걸리기 시작했다. 고등학교 졸업 후 직장생활을 한 뒤 23년 동안 학원을 운영했다. 그녀가 꿈꾸던 일은 아니었다. 학원을 하면서 학력의 벽에 부딪혀 그때 공부를 다시 시작했고 그녀만의 '꿈 달리기'가 시작되었다. 쉰이 넘어서는 강사가 되겠다는 다소 무모한 꿈을 가졌지만, 그녀만의 '꿈 달리기'를 통해 짧은 시간 안에 강사로서 엄청나게 성장한다. 1인기업 대표이자 지역 최고의 동기부여전문가, 인기강사로서 인정받고 있다.

공공기관, 주부대학, 기업체, 중·고등학교, 대학교, 취업진로캠프 등 다양한 영역에서 강연기획 및 강의활동을 활발하게 펼치고 있다. 강사양성과정, 강사역량강화과정(진로비전아카데미), 강사활동무대를 통해 일자리창출에도 크게 기여하고 있다. 강사과정을 밟으면서 비싼 수강료로 인해 무척 힘들었던 기억이 아직 남아있다. 그래서 자신들을 위해 맘껏 투자할 수 없는 사람들(특히 주부들)의 마음을 잘 알기에 지자체 문을 두드려 지원사업을 받아 많은 사람에게 무료교육의 기회를 주는 데도 주력하고 있다.

'지치지 않는 열정과 에너지 근원은 결핍에서 오는 욕구의 꿈틀거림과 꿈 달리기에 있다.' 강한 투지를 불사르며 앞으론 울산을 너머 전국무대로 '꿈 달리기'를 계속 이어갈 것이라고 당차게 말한다. 그녀의 꿈은 아직 현재진행형이다.

주요 이력
동의대 일반대학원 평생교육학과 박사수료
현) R&P교육컨설팅 대표
현) 진로&비전아카데미 대표
현) 방송대 교육학과 실습지도 교수
현) 울산경제진흥원 중소기업 출장교육 강사
논문 〈중년여성의 평생학습역량 특성에 관한 연구〉,
〈노인의 학습동기 측정도구 개발 연구〉

강의 분야
취업진로 / 면접 / 자소서 / NCS활용
기업교육 / 조직활성화 / 변화관리
동기부여 / 인성 / 창의적교수법
중장년 생애진로 / 커뮤니케이션
강사양성과정 / 강의 skill up 과정
자기혁신을 위한 액션플랜 과정
동의보감 속 인문학 / 부모교육

/ 한경옥 지음 /

나는
강사다

빨간머리앤 주부 한경옥의 인생도전 ―

STiCK

스틱도서번호 S047 | 표지 (한국제지) 이드패 백색 210g/m² | 본문 (한솔제지) 미색백상지 100g/m²

빨간머리앤 주부한경옥의 인생도전

나는 강사다

초판 1쇄 발행 2018년 12월 10일
초판 2쇄 발행 2018년 12월 17일
지은이 한경옥

발행인 임영묵 | **발행처** 스틱(STICKPUB) | **출판등록** 2014년 2월 17일 제2014-000196호
주소 (10353) 경기도 고양시 일산서구 일중로 17, 201-3호 (일산동, 포오스프라자)
전화 070-4200-5668 | **팩스** (031) 8038-4587 | **이메일** stickbond@naver.com
ISBN 979-11-87197-32-4 (03190)

[원고투고] stickbond@naver.com
출간 아이디어 및 집필원고를 보내주시면 정성스럽게 검토 후 연락드립니다. 저자소개, 제목, 출간의도, 핵심내용 및 특
징, 목차, 원고샘플(또는 전체원고), 연락처 등을 이메일로 보내주세요. 문은 언제나 열려 있습니다. 주저하지 말고 힘차
게 들어오세요. 출간의 길도 활짝 열립니다.

추천사

● 김서현 (마산 YMCA 부장)
새로운 시도를 겁내지 않는 사람,
꿈을 발견하고 그 꿈을 위해 신 나게 뛰는 사람,
늘 준비하고 있어서 기회를 놓치지 않는 사람.
책을 읽는 내내 새로운 꿈을 꾸는 나를 발견했고,
이 책을 통해 새로운 꿈을 꾸는 사람들이 더 많아지길 바란다.

● 김영석 (한국교원대 교육학과 교수)
석사지도교수로 한경옥 강사를 만난 것은 나에게 큰 기쁨이었다. 당시 울산
부산을 오고 가며 강사가 보여준 학업에 대한 열정은 지도교수인 나에게도
늘 귀감의 대상이었다. 이 책에는 한경옥 강사의 열정적인 인생이 고스란히
담겨있다. 부디 이 책을 통해 한경옥 강사처럼 지금보다 나은 내일을 꿈꾸는
강사들이 교육현장에 더 많아지길 기대한다.

● 김진화 (동의대학교 평생교육학과 교수)
필자가 이 책의 글 고랑에 남긴 이야기는 모든 독자가 쉽게 공감할 수 있는
희망과 행복의 씨앗이다. '나는 강사다'라는 필자의 명함은 왠지 오랫동안

간직하고 싶다. 이 책을 읽어 내려가는 독자라면 필자의 인생과 삶에 공감하면서 누구나 꿈꿀 수 있는 새로운 인생의 비전을 갖게 될 것이다. 21세기 평생학습시대, 평범한 사람에게 필자와 같은 프로강사의 세계로 초청한다.

● 박문자 (전 울산여자상업고등학교 교장)
꿈을 꾸지 못하고 진로의 방향에, 두터운 벽에 가로막혀 있는 독자에게 권한다. 쉽게 좌절하거나 갈등과 방황에 빠진 독자들을 위한 지혜가 가득하다. 필자는 실패에 굴복하지 않으며 결코 적지 않은 46세란 나이임에도 새로운 꿈을 향해 도전했다. 당찬 열정과 긍정, 굳은 신념과 의지로 실천하고 극복해나가면서 이 자리에 섰다. 설득력 있는 지혜의 나침판이 되어 진정한 삶을 변화시키는 계기의 기회가 되기를 기대하며 이 책을 강력히 추천한다.
　힘차게 비상하는 한경옥 강사에게 아낌없는 찬사와 응원을 보낸다.

● 손원일 (한국교육컨설팅연구소 소장, 경영학박사)
일찍 피는 꽃이 일찍 지는 것은 사실이다. 그래서 '열흘 붉은 꽃은 없다(花無十日紅).'라고 하지 않았는가? 엄동설한, 모진 풍파 다 이겨내고 피었으니 늦은 만큼 오래 피기를 바라는 마음이다.
　30년 전 직장에 다닐 때 작가의 모습을 떠올리면 늘 밝은 얼굴에 바쁜 손

놀림으로 '똑소리' 나게 일을 잘했었는데, 지금은 전국적으로 활약하는 강사가 되었으니 그야말로 '엄지 척~'이다.

"아직도 꿈을 꾸는 강사! 나는 강사임이 자랑스럽고, 강사이기에 행복하다."

작가의 글에서 에너지가 절로 느껴진다.

● 윤여각 (국가평생교육진흥원장)

제대로 배운 사람만이 배움의 과정에서 배움의 가치를 깨달아 배움의 끈을 놓지 않고 배움을 계속 이어간다.

배움의 과정에서 배움의 맛을 알게 된 사람은 그 경험을 나누고 싶은 마음에 다른 사람을 배움의 길로 인도한다.

한경옥 선생의 생애는 오롯이 교육인으로 성장해 가고 있는 삶을 보여준다.

● 이승한 (이바담그룹의원 대표원장, 의학박사 전문의)

『나는 강사다』는 저자의 평소 삶에서 배어 나오는 실천철학과 목표지향적인 인생스토리 그 자체이다. 교육을 통해 꿈을 꾸고 교육을 통해 성장해 나가는, 약한 듯하면서도 강한 이 시대 여장부임에 틀림이 없다.

자신의 삶에서 변화를 얻고자 하는 사람들, 강사가 되고자 하는 사람들, 모두 이 책을 통해 자신의 방향성을 찾길 바란다.

● 이해주 (한국방송통신대학교 교육학과 교수)
한 사람의 꿈을 실현시켜 가는 과정이 담겨있는 글이다. 꿈을 꾸는 사람은
아름답다. 모진 풍파를 헤쳐가며 자신이 하고 싶은 일을 해 나가며 사회에
무엇인가 공헌할 수 있다면 우리의 삶은 나름의 의미가 있지 않을까?
　평생학습과 평생교육을 실천하는 사람들에게 도움이 될 수 있는 책이라
생각한다.

● 정철상 (인재개발연구소 대표, 『심리학이 청춘에게 묻다』 저자)
5, 6년 전 작은 거인 한경옥 강사를 처음 만났다. 자신감이 넘쳐났다. 하지만
자신감만으로 해낼 수 있을지 의구심도 들었다. 그러나 그녀는 보란 듯 쑥쑥
성장해 나갔다. 이 책에 그녀의 성장 비밀이 고스란히 담겨있다. 강사를 꿈
꾸는 사람들에게 일독을 권한다.

● 지창완 (울산광역시 여성회관 관장)
빨간머리앤 같은 한경옥 강사! 한경옥 강사는 평범한 듯하지만, 특별한 그
무엇으로 가득 차 있다. 자신의 삶에 대해 끊임없이 생각하고, 성장을 위해

연구하고, 꿈을 실현시키기 위해 인내심을 갖고 용감하게 한 걸음 한 걸음 나아가고 있는 여성이다. 다시 힘을 내서 자신만의 꿈을 찾고 싶은 사람들에게 권하고 싶은 책이다.

● 최해숙 (꿈파쇼 대표, 『상처도 스펙이다』 저자)
그녀에게 갖춰지지 않은 환경이란, 자신의 열정대로 만들어 갈 수 있는 하나의 발판이다. 그녀를 볼 때마다 그 작은 체격에서 어떻게 그렇게 큰 에너지가 뿜어져 나오는지 놀라웠다. 자신의 삶 목표를 분명히 하고 차근차근히 나아가는 프로였다. 도전 앞에 망설이는 사람들에게 한경옥, 그녀의 이야기를 만나라고 전한다.

'난 아직도
꿈을 꾸는 강사'

나는 강사다. 쉰이 넘어 강사가 되고자 하는 꿈을 꾸었고 꿈은 이루어졌다. 평생 할 수 있는 일이 무엇일까를 생각하다 선택한 나의 직업이다. 운이 좋아서인지 내가 하고자 하는 목표가 생길 때마다 그 목표들은 반드시 내 것이 되어 주었다. 지금은 다양한 강의를 통해 교육생들을 만난다. 강사도 많고 강의할 곳도 많다. 아직 경험해 보지 못한 강의영역들도 많다. 그러니 앞으로 나의 꿈들도 많을 수밖에 없다.

학원에 등록할 수 있는 강사자격 조건을 맞추기 위해 방송대에 입학한 것이 내 인생의 터닝포인트가 되었다. 처음부터 강사의 꿈을 꾼 것도 아니었고, 미래의 내가 뭘 해야 할 것인가를 생각한 것도 아니었다. 학벌에 대한 콤플렉스가 없지도 않았다.

물론 배움에 대한 '한'도 있었지만, 겉으로 드러나는 졸업장이 필요해서였다는 것이 더 정확하다. 이는 부인할 수 없는 사실이다. 사는 게 바빠 배움에 대한 한을 토로할 시간도 없었다. 생계를 걱정하다 보니 나의 모든 프로그램은 생계에 맞춰져 있었다. 그러한 때 어쩔 수 없이 선택한 길이 나의 꿈이자 목표가 되어버렸다.

처음에는 2년만 다니고자 했다. 막상 입학하고 보니 그동안 내가 보지 못했던 많은 세계가 보였다. 나보다 한발 앞서서 활기차게 평생학습의 장을 선도하는 모습들이 보였다. 나도 모르게 나는 그 틈새의 일원이 되어버렸다.

학원에서 길든 나의 잠재된 끼 덕분에 누가 시키지 않았지만, 그 끼를 나누었던 게 당시 튜터선생님의 눈에 띄었다. 그분의 수업에 청강을 갔다가 '튜터가 되면 잘하겠다.'라는 말 한마디에 그때부터 꿈을 향한 달리기는 시작되었다. 학원의 수입으로 겨우 현상유지만 하던 내가 나를 위한 투자나 꿈을 꾼다는 것은 상상도 못할 일이었는데, 이때 튜터가 되기 위해 과감하게 대학원에 가겠다고 선포하고 말았다. 목표를 세우고 나니 또 길이 열리기 시작했다.

방송대 졸업을 하던 해에 23년간 운영하던 학원을 접고 과외와 방과 후 수학강사를 시작했다. 그냥 접은 게 아니라 망했다. 동네가 재개발되어 무리하게 확장투자를 하고 나니 동네는 비었고, 학교 학생수가 줄어드니 자연스레 학원생이 줄어들 수밖에 없었다. 때마침 방과 후 학교 활성화로 학생들은 학원에 올 시간도 없어지게 되었다. 운영이 안 되니 접어야 하는 게 답인데도 그리 결정 내리는 게 쉽지 않았다. 더 이상 미련이 있을 수도 없었는데 말이다.

일주일에 두 번 대학원에 가는 시간을 제외하고 나머지 시간은 학비와 생계를 위한 몸부림으로 부지런을 떨어야 했다. 여러 가지 일을 하고 있었지만 하나도 힘들지 않았다. 나의 꿈을 향한 목표가 있었기 때문이었다. 석사학위를 받고 바로 나의 첫 목표인 튜터가 되었다. 목표를 이루었음에도 거기서 멈추지 않고 바로 동의대 대학원 박사과정에 입학했다.

그때부터는 나의 목표가 추가된 만큼 직업도 추가되었다. 학생, 강사, 튜터, 방과 후 강사, 과외, 교육컨설팅 대표…. 한 학기 동안 여섯 가지 일을 하다가 강의일정을 맞추기가 어려워 3년 6개월을 끝으로 방과 후 강사를 그만두었다.

그 후로도 나의 '꿈 달리기'는 계속되었다. 박사 수료 후 과외도 그만두고 본격적으로 강사와 튜터만 하다가 튜터 3년을 끝으로 그해 방송대 교육학과 실습지도교수로 위촉을 받았다. 2008년 방송대 입학 후 10년 만이다. 방송대는 내 인생을 바꾼 대학이라고 나는 감히 말한다. 방송대가 아니었으면 상상도 못할 일들이다. 하나의 목표를 세우고 달성하고 나면 또 목표 수정을 했다.

나는 강사다. 강사이기에 할 수 있는 일들이 너무나 많다. 울산에서 강사교육의 선두주자 역할을 하고 있다. 강사들과 탄탄한 네트워크를 형성하고 있다. 강사들을 위한 프로그램 개발을 하고 역량강화를 위해 자리를 마련해준다. 덕분에 그들도 성장하고 나도 성장해나간다. 강사가 되고자 꿈을 꾼다면, 과감히 도전하라고 말하고 싶다. 나이는 그야말로 숫자에 불과할 뿐이다.

만약 학업에 대한 욕구가 있거나 방법을 찾고 싶다면 방송대를 권한다. 방송대는 전국 13개 지역대학에 22개 학과가 있다. 일반대학교의 10분의 1밖에 안 되는 저렴한 학비로 일과 학업을 병행할 수 있다. 온·오프라인이 잘 혼합된 시스템이며 지원체계가 잘되어 있어 그다지 어렵지 않다. 인적 네트워크 또한 대단하다. 아직도 나의 꿈은 진행형이다.

내가 하고 싶은 일을 하고 있어 행복하고 아직도 꿈이 있으니 행복하다. 마흔여섯에 방송대 입학을 했고, 쉰이 넘어 강사의 꿈을 꾸고 강사가 되었다. 나이 때문에 자신의 꿈을 망설이고 있다면 이 책을 통해 꿈을 꾸고, 그 꿈을 이루는 사람이 있었으면 좋겠다.

01

꿈,
도전,
그리고
열정

나는
강사다

나는 강사다. 강사가 되겠다고 마음먹고 본격적으로 강사수업을 받으며 강사가 되기 위한 준비를 하고 프로강사의 세계에 뛰어든 지 정확히 6년, 실제로 강의를 한 건 그보다 훨씬 오래전이지만 강사료를 받고 시작한 것은 6년째가 된다.

2012년 모 평생교육기관 소장님께서 나를 프로무대에 데뷔시켜주었다. 당시 나는 그 기관에서 진행되던 프로그램의 교육생이었다. 단지 교육생이었던 나를 뭘 믿고 강의를 맡기셨을까? 무척 궁금했다.

"전 아무나 안 맡깁니다."

그분의 말씀대로라면 난 '아무나'가 아니었던 모양이다.

그 '아무나'가 아니었던 내가 지금은 '아무나?' 할 수 없는 일들도 척척 해내고 있다. 확실히 난 '아무나'가 아닌 게 틀림없다. 그때가 공식적인 프로강사 데뷔무대인 셈이다. 초보자에게 2시간이면 작은 무대라고 할 수도 없다. 누구나 첫 무대는 재능기부부터 시작하는데 난 처음부터 강사료를 받았으니 출발이 꽤 좋은 편이었다.

지금은 각 기관에, 기업체에, 학교에 강의를 나가며 하루 24시간을 즐기고, 일주일을 즐기고 한 달을 즐기며 일하고 있다. 즐기며 일할 수 있는 지금이 좋다. 일은 곧 즐거움이다. 나의 직업은 강사다.

　　강사는 시간에 구애를 받지 않는다. 일이 많을 때도 있고, 없을 때는 일주일을 쉴 때도 있다. 그 쉼도 좋다. 하지만 강사에겐 온전한 쉼은 잘 없다. 쉬는 날일수록 강의준비와 책읽기를 게을리하면 안 되기 때문이다. 그러니 강의가 많을 때나 강의가 적을 때나 바쁜 건 매한가지다. 바쁘면 바쁜 대로, 안 바쁘면 안 바쁜 대로 할 일이 늘 있게 마련이다.

　　엄마의 삶도 그랬다. 농사일에 지친 몸을 비 오는 날은 그냥 낮잠이나 자면서 좀 쉬었으면 좋겠다고 생각했는데, 비 오는 날은 바느질거리를 또 꺼내 일을 늘 손에 쥐고 계셨다. 아마도 강사는 농사를 짓는 농부의 부지런함을 갖추고 있어야 하나 보다. 나의 부지런함도 농사꾼의 딸이었고, 그런 부지런한 엄마의 딸이었기에 가능한 것이었을까?

　　강사는 아주 많다. 울산에도 아주 많은 강사가 자기분야에서 활동하고 있다. 그런데 큰 강의는 대부분 울산 사람이 아닌 외부의 다른 지방 강사가 섭외되고 있다. 왜일까? 안타깝다. 나도 강사인데….

　　강사과정을 하면서 강사들에게 당부한다.

　　강사가 되려고 마음먹었으면 다른 사람의 강의를 들을 때 '절대 평가하려고 들지 마라.'라고 한다. 어떤 강사이든지 나름의 메시지는 있다. 그게 뭔지, 그리고 나와는 뭐가 다른지? 내가 갖고 있지 못하는 매력은 무엇인지를 찾아서 내 것으로 만들라고 당부한다.

　　내가 느끼기에 강의를 좀 못한다 싶은 강사가 있을 수도 있다. 하지만 그 강의가 나에게 오지 않는다. 그 사람에게 가는 이유가 뭔지를 찾는 것이 강사에겐 숙제다.

강사는 장거리 마라톤 선수다. 체력안배를 해가며 뛰어야 한다.

강사란 대중 앞에 서야 한다. 때로는 울고 웃으며 원맨쇼를 해야 할 때도 있다. 강사는 전천후가 되어야 한다. 강연기획에서, 강사섭외, 강의진행, 평가, 교육컨설팅까지 다양한 역할을 하고 있으니 그야말로 강사는 교육전문가다.

'프로란 무엇인가?'

프로란 '그 일에 대한 전문성을 갖추고 자기 일에 열정을 다하는 사람'이라고 정의하고 싶다. 나는 강사이고, 프로가 되기 위해 아직도 노력하며 공부하는 강사다. 강의영역을 넓히고 전문성을 갖추기 위해 하루하루가 공부의 연속이다. 강사의 세계에서 프로란 자신이 인정하는 것이 아니고 타인이 인정해 줘야 한다. 타인이 불러줘야 한다. 가만히 있어도 불러줄 때까지는 발품을 팔아서라도 본인의 인지도와 실력을 쌓아나가야 한다.

모 기관에 프로그램 제안차 방문했을 때였다. 보통은 담당자에게 미리 전화를 걸어 약속시각을 잡아가는 게 예의이지만 그날은 그냥 갔다. 담당자가 바쁘다고 안 만나줄 것 같아서였다. 가서 헛걸음하면 다시 방문할 요량으로 갔다. 아니나 다를까 갔더니 새학기 프로그램 모집기간 첫날이라 문의전화나 방문이 많아 정신없이 바쁠 때였다.

"전화하고 오시지…."

예상했던 대로다.

"지나는 길에 들렀어요."

나도 모르게 거짓말이 튀어나왔다.

"바쁘시니 잠시만 말씀드리고 갈게요."

'영업사원이 따로 없구나.' 속으로 중얼거렸다.

프로그램 설명을 듣더니 바쁘다는 말은 언제 했느냐는 듯 계속 질문을 이어 갔다.

마침 특강프로그램 기획 중인데 8주 과정으로 커리큘럼을 다시 보내달 란다. 나의 교육적 마인드와 담당자의 마인드가 같다고 한다. '야호'다. 얼 떨결에 왔다가 이런 성과를 얻다니…. 기관에서 나오는 나는 그냥 걷고 있 지만, 맘은 뜀뛰기를 하고 있었다. 프로그램 제안서를 보내고 이틀 후 프로 그램을 진행하자는 담당자의 연락이 왔다. 그런데 진행확정이라도 학습자 가 정원의 70% 모집이 안 되면 폐강이 된다고 했다. 다행히 마감기한 전에 정원을 넘어섰고 성공리에 출발할 수 있었다.

누구에게나 직업은 있다. '직업에 귀천이 없다.'라는 말은 너무나 익숙 한 말이지만 귀천이 문제가 아니다. 얼마나 '자신이 좋아하는 일인가.'가 더 중요하다. 자기가 좋아하는 일, 정말 잘할 수 있는 일이 직업이면 금상 첨화다. 23년간 학원운영으로, 과외선생으로, 방과 후 강사로 그 경험과 나 의 노력으로 지금은 내가 정말 즐기며 좋아하는 일을 하고 있다.

대학원 석사과정 마지막 학기 때 내가 평생 할 수 있는 일이 무엇이 있 을까를 고민했다.

방문과외도 편하지는 않았다. 물론 수입은 괜찮았지만, 이 또한 평생 할 수 있는 일은 아니라고 생각했다. 석사과정을 마치면 뭔가 다른 일을 해야 겠다고 마음먹던 중, TV에서 연예인과 유명인사를 초청해서 진행하는 강 연쇼가 눈에 들어왔다. 그날은 개그맨 김영철이 강사로 나왔다. 거침없는 말투에 패션쇼에서나 볼 수 있는 무대를 오가며 움직이는 제스처, 화려한 무대효과까지 더해 관중들의 환호와 박수소리….

"와!"

어쩜 저렇게 말을 잘할 수 있을까? 그동안 TV에서나 일반 강연을 가끔 들었지만, 그때는 아무런 느낌이 없었다. 그동안 아무런 관심도 없었던 내가 그날은 나도 저렇게 하고 싶다는 생각을 불현듯 하게 되었다. 가슴이 뛰었다. 이것이 내가 대중강연 강사로의 꿈을 꾸게 된 계기다. 강사로서의 꿈은 나 스스로 찾은 셈이었다.

나는 강사임이 자랑스럽고, 강사이기에 행복하다. 매일매일 해야 할 과제가 쏟아져도 내가 하고 싶은 일을 하고 있기 때문이다. 온종일 자료를 찾아 컴퓨터와 씨름을 해도 좋고, 2시간 강의를 위해 장거리 왕복 5시간을 오가도 좋았다. 새벽잠이 많은 내가 장거리 강의를 갈 때면 이른 새벽에 깨어 움직여도 좋았고, 차를 타면 30분 서 있는 것도 힘든 내가 종일 7시간 강의를 하고도 힘들다는 생각을 하지 않는다. 쇼핑은 한두 시간만 해도 피곤한데 강의할 때만큼은 그렇지 않았다.

나도 점점 연예인화가 되어 가는가 보다. 박수의 맛을 알고 함성의 맛을 안다. 박수를 받으면 그 기분은 이루 말할 수 없이 기쁘다.

어떤 강사는 강의 끝날 때 기립박수를 받는다고 한다. 그것도 사실은 마무리 멘트로 유도를 한다고 한다. 아직은 시도해보지 않았다. 유도가 아닌 자발적인 기립박수를 받을 수 있는 그날이 내게도 있으리라 기대한다. 나는 강사다. 강사이기에 행복하다.

나를
있게 하는
사람들

사람들은 이야기한다. 나를 보고 어디서 그런 열정과 에너지가 나오느냐고 한다. 사실 열정과 에너지는 누구나 다 가지고 있다. 열정의 사전적인 의미는 '어떤 일에 대한 열렬한 애정을 가지고 열중하는 마음'이다. 누구나 가지고 있지만, 누구나 열정을 발산하지는 못한다. 그러니 누구나 가지고 있는 열정을 우리는 끄집어내어야 한다. 그 열정을 끄집어내느냐 못 내느냐 하는 것 또한 어떤 계기를 만나야 한다.

어린 시절 위로 언니 오빠들이 수시로 큰오빠에게 야단맞는 것을 보고 야단을 맞지 않기 위해 눈치껏 행동해야 했다. 야단맞지 않을 방법의 하나로 공부를 잘해야겠다고 마음을 먹었지만 공부할 여건이 되지 않았다. 전기도 들어오지 않은 때라 호롱불 기름을 아끼느라 저녁이면 일찍 불을 꺼야 했고, 집에 오면 조카들 돌보거나, 집안일을 돕거나, 동네를 뛰어다니며 놀기에 바빴다.

집에서는 별다른 공부를 하지 못했다. 하지만 다행히도 학교에서는 집중을 할 수 있었고, 그래서 그런지 수업을 들은 게 전부인데도 시험을 치면 좋은 성적이 나왔다. 초등학교 4학년까지는 줄곧 맨 앞자리라 딴짓할 수가 없었는데 수업 중 나는 항상 '열중쉬어!' 자세로 꼿꼿하게 선생님의 말씀을 하나도 놓치지 않고 들었다. 복습이라곤 없었다. 그런 용어조차 몰랐다. 집에서 공부한다는 것은 상상도 할 수 없었다. 집에 오면 집안일을 해야만 하고 당연히 그래야 하는 줄 알았다.

집에서 얻은 별명이 '부왕'이었다. 담임선생님께서 주간별로 시험성적이 좋은 학생들에게 '공부왕'이라는 명찰을 달아줬다. '공부왕'을 줄여서 집에서는 '부왕'이라고 불렀다. 그런 소리를 들을 때면 늘 우쭐했다. 외가 갈 때도 꼭 공부할 것을 들고 갔고 또 가서는 책을 펼쳤다. 공부하기 위해서가 아니라 칭찬에 익숙해진 나는 칭찬을 듣기 위해 '공부하는 척' 흉내를 내기 위해서였다.

책은 눈으로만 보았고, 귀로는 어른들 나누는 얘기를 들었다. 눈으로만 보는 책, 그게 무슨 공부가 되겠는가? 불도 어둡고 글자가 눈에 들어 올 리 만무했다. 그러는 와중에도 들려오는 칭찬들에 기분이 좋았다.

"이렇게 시끄러운데도 공부를 하네."
"어쩜 저렇게 시키지 않아도 공부를 할꼬."
"커서 훌륭한 사람 되겠네."

외가 가면 늘 동네 어른들이 놀러 오셔서 한마디씩 해주셨다.
외가 동네에서도 나는 공부 잘하는 아이로 소문나 버렸다. 중·고등학교 때까지 늘 착한 아이, 공부 잘하는 아이로 칭찬 속에서 자랐다. 하지만 그게 전부였다. 칭찬을 받으면서 컸지만, 내면에 꿈틀거리는 그 열정을 끄집어내지는 못했다. 그런 나를, 나의 열정을 수면으로 끄집어내어 주신 분이 계신다.
고등학교 졸업 후 첫 직장에서 만난 과장님이 바로 그 주인공이다. 면접을 보러 갔을 때다.

"여기 오기 이전에 다른 곳에 면접을 본 적이 있나요?"
"네, 있습니다."
"그런데 그곳에서 왜 떨어졌다고 생각하세요?"
"키 때문인 것 같습니다."
"……."

사실 나는 늘 키에 대한 콤플렉스가 있었다. 그리고 단언컨대 키 때문에 떨어졌노라고 생각하고 있었다. 왜냐하면, 필기시험에 합격을 했고 면접 때 대답도 잘했기 때문이었다. 스스로는 떨어질 이유가 없다고 생각하고 싶었는지도 모른다.

마침내 고등학교 졸업식 날 입사합격 소식이 들려왔다. 그 소식을 듣고 그만 펑펑 울었다. 그전에 두 곳에서 떨어지고 세 번째 면접을 본 후의 합격이었다.

첫 출근 날 바로 회식이었다. 회식자리에서 과장님이 나의 면접과정을 화제로 삼으셨다.

"미스 한이 이곳 오기 전 다른 회사 면접에서 키 때문에 떨어졌답니다."

그래서

"그럼 내가 너 뽑아줄게."라며

부서 직원 앞에서 나를 채용하게 된 에피소드를 말씀하셨고 그 후 나의 회사생활은 순풍에 돛을 단 듯 순조로웠다. 그다지 잘 쓰는 글씨도 아닌데 달필로 인정받았고, 똑똑한 여직원으로 소문이 나버렸다. 그래서 똑똑한 여직원이 되기 위해 더 애를 썼다. 뭐든 잘한다고 칭찬을 들으니 잘 안 할 수가 없었다.

회식자리에선 신고식으로 통과의례가 노래 부르기였다. 요즘처럼 노래방이 있던 시절이 아니라 식당에서 젓가락 장단에 무반주로 불러야 했다. 순서가 돌아올 때까지의 그 긴장감, 물을 몇 컵이나 들이마시고 스스로에게 '괜찮아.'를 수도 없이 외쳤건만 여전히 떨리는 음성으로 노래를 불렀다. 특히 고음에선 내가 듣기 거북할 정도의 떨림이 있었다. 그럼에도 노래가 끝나기가 무섭게 앙코르, 두 번째 노래를 부르고 나니 또 앙코르, 결국 나의 신고식에서는 노래 세 곡을 불렀고 노래마저도 잘하는 여직원이 되어버렸다. 그 후로도 노래를 부를 때마다 떨렸다.

이렇게 뭐든 '잘하기 프로젝트'에 나는 서서히 훈련되어 졌다. 그렇게 길들고 훈련되고 나니 내가 강사가 되어야겠다고 마음먹었을 땐 이미 '잘하기 프로젝트'에서 숙련된 후였다.

참으로 감사한 일이었다. 그때 그분을 만나지 않았다면 어찌 되었을까?

학교 다닐 때 분단장 한번 안 해 본 내가, 다른 사람 앞에 서면 입이 파르르 떨려 이름조차 겨우 말하던 내가, 지금은 대중 앞에 서서 그것을 즐기고 있으니 말이다.

2015년 1월 '울산영웅'에 선정되었을 때 강연 준비를 하면서 처음으로 그분을 찾아보았다. 아니 인터넷 검색을 했다. 그분은 모 제약회사에서 부사장까지 역임하다 정년퇴임을 하고 고향인 진해에서 활동하고 있었다. 아직은 드러내 놓고 찾을 처지가 안 되니 조금 더 성공한 뒤에 꼭 그분을 찾아야겠다고 마음을 먹었다. 그 성공이란 것이 남들이 말하는 부나 명예가 아니라 나 스스로 성공했다고 느끼는 그 순간을 말한다.

지금 가지고 있는 목표를 이루고 나면 적어도 그건 나의 성공이니 예전

노래순서를 기다리며 떨렸던 그 음성으로 그분을 다시 찾을 것이다. 다소 차가운 인상에, 무섭게 느껴지기도 했던 그분, 그래도 난 찾을 것이다. 그 날을 생각하면 지금도 가슴이 설렌다.

내가 진행하는 강사양성과정에 오는 강사들이 처음엔 '김미경처럼 되겠다!'라고 했다가 나를 만나고는 '한경옥처럼 되겠다!'라고 한다. 감동이다. 내가 뭐라고? 방송을 한번 탄 것도 아니고, 그렇다고 지역사회 유명인사도 아닌데 말이다. 그들은 나의 열정을, 에너지를 인정하고 있는 사람들이다.

첫 번째 나의 열정을 끄집어내 준 분이 S 회사 L 님이었다면 내가 열정을 유지하고 그 열정 속에 살아 숨 쉬게 하고 있는 분들은 지금의 강사들이다. 그들이 있기에 내가 있다. 그들은 때론 학습자이자 교수자들이다. 초집중에 초 열정맨들이다. 누가 시켜서도 아니다. 자발적이다. 자기가 너무나 하고 싶은 일을 찾아서, 강사가 되고 싶어서 찾아온 사람들이다.

그들의 열정을 사랑한다. 그들은 나처럼 강사로서의 길을 가고자 한다. 강사로서의 성공을 꿈꾸며, 내가 제자리에 머물지 않고 조금씩 성장해가는 모습을 보면서 희망을 품는 것 같다. 본인도 노력하면 나처럼 될 수 있으리라는 기대를 할 것이다. 작은 무대라도 세워주려고 노력하는 나의 모습에 많은 강사가 모여든다.

사람은 누구나 성공하고 싶어 한다. 특정한 분야에 일인자는 많지 않다. 그러나 어느 분야든 일인자는 반드시 존재한다. 낙타가 바늘구멍을 뚫는 힘든 여정에도 사람들은 보랏빛 꿈을 꾸며 달려나간다. 꿈이 있기에 가능하다.

"꿈을 꿀 수 있게 해줘서 감사해요."

강사들이 하는 말이다. 과정 첫 강의 시 본인 소개의 시간이 있다. 이미 강사활동을 하는 사람들은 준비된 멘트로 자기소개도 척척 한다. 전문가가 따로 없다. 하지만 주부로 지내다 처음 강사과정의 문을 두들기는 사람들은 자기소개를 하면서 울기도 한다.

"이런 세상이 있었구나."

그게 우는 이유였다. 자기 자신을 찾고 자신이 하고 싶은 일의 욕구를 움직이게 하고, 그 열정을 밖으로 끄집어내려는 순간이다.

과정이 끝나면 놀랍게도 처음 자기소개할 때와는 완전히 변화된 모습을 만난다. 스스로도 놀란다. 이것이 교육의 힘이다. 나는 역시나 강사이고, 강사에게 또는 교육생에게 열정의 물꼬를 틔워준다. 이것은 보람이고 사명이다. 교육생이 있으니 강사도 있다. 강사가 교육생을 위해 최선을 다해야 하는 것은 의무이자 이유다.

나를 위하고,
타인을 위하는
삶

에니어그램은 동양의 지혜에
현대심리학이 결합된 성격유형론으로 인간 성격유형을 9가지로 나누고,
모든 인간은 그중 하나를 가지고 태어나는 것으로 가정하고 있다.

에니어그램 유형으로 보면 나는 가슴형으로 3번에 2번 날개를 가진 유
형이다. 이 유형은 성공하기 위해 열정을 다해 일하며, 자신감과 추진력을
가지고 목표를 이루기 위해 효율적으로 일한다. 지나친 경쟁의식으로 일중
독에 빠지기 쉽다. 강점으로는 어딜 가나 적응을 잘하고, 약점이라면 자기
위주에 다소 차갑게 느껴질 수도 있는 사람이라고 한다.

맞다. 딱 맞다. 자신을 위하여, 성공하기 위하여 열정을 다해 일한다.
자신감도 넘친다. 목표가 있으니 자신감은 덤으로 온다. 열정이 있으니 자
신감도 넘친다. 처음부터 그랬을까? 그건 아니다. 목표가 있어 그 목표를
향해 몸부림치다 보면 그 목표에 다가가듯이 남들 앞에 서는 것이 자신이
없고 두렵고 떨렸던 그 순간이 싫어서 어쩌면 더 처절하게 그 상황을 벗
어나고자 노력했는지도 모르겠다. 그것이 자신을 위하는 것이라고 처음
부터 생각하지는 않았을 것이다. 그저 하다 보니, 그렇게 되고 그렇게 되
고 나니 한 단계 한 단계 더 성장해 나가는 자신의 모습에 놀라 더 애를

쓴 결과일 것이다.

　강의오프닝에서는 주로 박수로 마음열기를 한다. 교육담당자가 강사를 소개하면 강사는 그 소개에 맞춰 인사를 정중히 한다. 그런데 그때는 그냥 박수만 나온다. 나 같은 경우엔 다시금 박수를 유도한다. 다시 인사를 드렸을 때 이 교육장이 떠나갈 듯이 큰 함성과 손뼉을 치는 분께 대박기원을 해드리겠다고 하면서 말이다.

　대부분의 경우 이렇게 하면 처음 인사를 했을 때와는 달리 엄청난 반응이 나온다. 그런 다음 방금 친 손뼉은 강사를 위해 친 것이 아니라 자기 자신을 위해 친 것임을 피드백하면 더 한 반응이 나온다. 그 후엔 강의하기가 아주 쉬워진다. 처음이 어렵다. 얼어있는 분위기를 깨고, 닫혀있는 교육생들의 마음을 열기까지가 문제다. 박수 하나에도 자신을 위한 것임을 안 교육생들은 강사의 말에 귀를 쫑긋 세운다.

*

　처음 교도소 강의를 갔을 때다. 처음 입소한 재소자들은 100시간의 집중인성교육을 받는다. 처음 나가는 강의에 두 번의 강의, 즉 6시간이 배정되었다. 가기 전 좀 두려웠다. 어떤 분위기일까? 차디찬 공기에 썰렁한 분위기에 표정없는 교육생들이 앉아있고, 뒤쪽에는 교도관이 앉아 있는 분위기를 상상했다. 행여 따라 하기나 할까? 반응이 없으면 어쩌지? 밤새 소설을 쓰고, 지우기를 반복했다. 온 힘을 다하되 반응이 없으면 혼자서 북 치고 장구 쳐야겠다고 마음먹고 교도소에 도착했다.

USB만 챙기고 휴대전화 반납하고 목걸이를 하나 받아 걸고 교도관을 따라 육중한 철문을 몇 개 지나 교육장에 도착했다. 교도관이 강사를 소개하자 환호와 박수가 나왔다. 예상 밖이었다. '됐다.' 이 분위기면…. 교육장도 시설이 아주 깨끗하고 난방도 잘되어 쾌적한 분위기였다. 교육생들 표정도 아주 밝았다. 그들은 우리와 똑같은 사람들이었다. 단지 밖으로 나오지 못하는 사람들일 뿐이었다. 발표도 아주 잘했다. 지금까지 만난 그 어느 교육생들보다 분위기가 좋았다. 다만 이름 대신 수형번호를 쓴다는 것과 똑같은 옷을 입고 있다는 것만 다를 뿐이었다. 노래도, 율동도 잘 따라 했다.

"뭐가 젤 힘드세요?"

라고 물으니
'일할 수 없다는 것'이라고 했다.

나를 위하는 것이 무엇인지를 새삼 깨닫게 해주었다. 일이 있다는 것, 일할 수 있다는 것, 이것이 진정 자유이고 행복임을 이들이 말해주고 있지 않은가? 교도소도 하나의 사회다. 하지만 우리가 누리는 자유는 없다. 지금의 나는 이 모두를 가졌다. 이들이 하고 싶어도 못하는 일을 하고 있고 다른 사람들을 위해 꿈과 희망을 심어주는 일까지도 하고 있다.

내가 좋아하는 일을 하면서 다른 사람들에게 자신감을, 때로는 용기를, 때로는 꿈과 희망을 줄 수 있으니 말이다. 강사니까 가능하다.

"선생님 또 왔으면 좋겠어요."

립 서비스도 잘한다. 노트에 '선생님이 참 재밌다.'라고 쓰기도 했다. 최연소자이다. 순간 가슴이 뭉클했다. 왜 왔느냐고 물었다.

"친구를 잘못 만나서요."

무엇이 진실인가는 중요하지 않다. 당장 그 친구의 입장에서는 그리 얘기할 만하겠다 싶은 생각이 들었다. 이곳을 나가면 더 이상 나쁜 친구도 되지 말고, 나쁜 친구를 만나지 말았으면 좋겠다. 다음 날 갈 땐 더 좋은 이야기를 해 줘야겠다고, 또 어떤 얘기를 해줄까를 고민한다. 이것은 보람이다. 강사가 점점 더 성장할 수밖에 없는 이유이기도 하다. 늘 자신을 위하여, 타인을 위하여 좋은 말, 긍정적 에너지를 내뿜으니 본인이야 더 말할 나위가 없지 않은가?

어떤 이는 봉사활동을 참 많이 한다. 봉사를 하면 스트레스가 풀린다고 이야기하는 사람도 있다. 봉사를 해보지 않은 사람은 봉사하는 그 순간의 기쁨이나 만족감을 알 수 없듯이 강사도 다른 사람 앞에서 긍정 멘트를 날리며 열강을 하고 있는 그 순간을 경험해보지 않고서는 모른다.

강의를 가는 것 외엔 집이 출근이고 집이 퇴근인 프리랜서들은 책상에 앉으면 일이고, 노트북을 켜는 순간 업무가 시작된다. 하루 근무시간이 몇 시간인지 계산을 해보지 않았지만, 근로기준법에 준하면 엄청난 초과근무이다. 초과근무에 보수도 계산되지 않는 일이지만 어디 고발할 생각을 못한다. 누가 시켜서 하는 일이 아니니 그저 즐거울 뿐이다.

노트북을 켜는 순간이 즐겁다. 새로운 자료를 찾고, 새로운 내용의 강의를 구상하고, 새로운 아이디어를 얻는 일이 즐겁다. 이것도 일중독인가? 하지만 강사는 이렇게 하지 않으면 살아남기 힘들다. 강의시장은 넓고 강의할 곳은 많지만, 또한 강사도 수를 헤아릴 수 없을 만큼 많다. 아무리 많은 교육이 있어도 불러주지 않으면 강사는 설 곳이 없다. 그것이 현실이다. 초보강사일수록 더 하다. 첫 무대가 중요하고, 그렇게 시작된 무대가 담당자의 소개로 이어지고 지인들의 섭외에서 또 섭외로 이어지는 게 강의시장의 현주소이다. 그러니 강사는 인맥이 다양해야 한다.

방송대 시절 같은 학년의 한 학우가 있었다. 그 친구는 남자였다. 우리 학과는 특성상 대부분이 여자이고 남자는 전체학생의 5%도 안 된다. 너무나도 점잖고 과묵하기까지 해서 말을 잘 하지 않았다. 그런데 출석수업 발표시간이었다. 그렇게 과묵하고 말이 없던 그 학생이 대중 앞에 서니 청산유수였다. 그렇게 기억하고 있었고, 그 당시 태권도 관장이었다는 정도만 알고 졸업 후 SNS를 통해 가끔 소식만 알 뿐 한 번도 연락을 주고받은 적도 없었다.

그러다 최근 진로 멘토링 강사 섭외차 전화를 했다. 졸업 후 6년만인가보다. 어느새 그 친구는 대구에 있는 모 대학 교수로 재직 중이었다. 오히려 그 과묵했던 학생이 나를 어떻게 도와주면 되겠느냐고 했다.

학부시절 대표로서 각종 시험과 전달사항이 있을 때 부지런히 문자를 해 줬던 게 온라인 시스템인 방송대에선 여차하면 놓치기 쉬운 학사일정을 다 챙길 수 있어 도움을 많이 받았다며 이번엔 자기가 나를 도와주겠다고 했다. 강사 섭외차 전화했다가 오히려 내가 섭외된 셈이다. 실제 섭외가되었다.

평소 은사님들과 잘 지내고 있어 은사님이 계신 학교에 나를 소개했고, 그 학교에 섭외되어 강의를 가기도 했다. 이렇게 인맥이란 평소 좋은 관계로 지내기만 해도 서로가 필요할 때 도움을 주고받기도 한다. 그 친구 역시 타인을 위해 자신의 인맥을 나누었다.

이미 앞에서 말했듯이 나는 에니어그램 성격유형 3번에 2번 날개를 가졌다. 2번 날개의 특징이 협력하고 공동의 목표를 위해 헌신한다. 이 또한 맞다. 나 자신의 성공을 위해 일하기도 하지만 어떤 때는 하루 종일 전화를 돌려가며 강사섭외를 할 때도 있다. 해당자가 없으면 없다고 말하면 될 것을 한 사람이라도 강의연결을 시켜주기 위해 애쓰고 노력한다. 어떤 때는 이게 뭐하는 짓인가? 라는 생각을 할 때도 있다.

하지만 이것은 나를 위한 삶이기도 하지만 곧 타인을 위한 삶이기도 했다. 다른 사람을 위해 노력했던 시간들이 내게로 보람으로 돌아오기도 하고 일로 연결되어 돌아오니 말이다. 앞으로도 '뭐하는 짓'은 계속하게 될 것 같다. 나는 에니어그램 3번에 2번 날개를 가진 사람으로 타인을 위하고 공동의 목표를 위해 그 날개를 훨훨 펼칠 것이다.

나비의 날갯짓처럼 작은 변화가 폭풍우와 같은 커다란 변화를 유발시키는 현상의 나비효과가 생각난다. 여기서 나비효과는 전혀 엉뚱한 결과를 낳는 경우에 비유되지만, 나는 그렇게 보고 싶지 않다. 좋은 의미의 큰 변화로써 개인적인 혹은 어떤 단체의 성장으로 해석하고 싶은 마음이다. 개개인의 작은 봉사들이 지역사회에 큰 도움이 되는 것처럼 말이다. 작은 것에서부터 시작한 일들이 나를 위하고, 또 많은 사람에게 큰 변화의 바람으로 불어 닥치는 그런 마중물이 되었으면 하는 바람으로 새로운 일거리를 찾고 또 찾는다.

꿈과
희망을
주는
삶

꿈이란 무엇인가? 누구에게나 꿈은 있다. 하지만 그 꿈을 꾸기만 할 뿐 현실로 잘 드러내지를 않는다. 사람들은 대부분 꿈을 생각만 하며 살아간다. 생각만 하던 꿈을 현실로 드러내기까지가 시간이 걸린다. 드러낸다는 것은 곧 꿈을 이루기 위한 시작이다.

어린 시절 나의 꿈은 선생님이었다. 아무 곳에나 손이 닿는 곳이면 어디든 흑판 삼아 혼자서 선생님놀이 하는 것을 즐겼다. 종이에 피아노 건반을 그려 연습을 하기도 하고 무릎을 피아노 건반 삼아 연습하기도 했다. 단 한 번도 피아노를 배워본 적은 없다. 그냥 어깨너머로 본 것을 흉내 내고 연습을 하다 보니 동요나 가요 연주가 가능해졌다.

그래서인가? 그동안 유치부, 초등부, 중등부, 고등부, 현재는 성인 대학생까지 다양한 학생들의 선생님이었다. 선생님이란 직업이 참 매력적이면서 높고 먼 이상이었다. 선생님께서 입은 옷도 그렇게 멋졌고, 그저 선생님은 모든 게 다 멋져 보였다.

그렇게 멋지게 보였던 선생님의 모습이 지금의 내 담당학생들도 그리 보는 것일까? 성인이지만 늦깎이 공부를 하는 방송대학생들은 앞서 공부한 선배가 선생님으로 자기들 곁에 와있으니 어릴 적 우리가 느꼈던 그런 선생님의 모습에다 본인이 그리 하고 싶은 대학공부를 먼저 한 선배가 선생으로 와 있으니 아마도 당연히 그러하리라는 생각이 든다.

그런 모습에서, 먼저 졸업했기 때문이기도 하고, 현재 내가 하는 일이 다른 사람들로 하여금 희망을 품게 하고 있으니 더 그럴 것도 같다. 그전엔 유치부에서 대학생들의 선생님이었다면 지금은 일반대중의 선생님인 강사이다.

사람들은 또한 강사에게서 우리가 어릴 적 꿈꾸었던 먼 이상의 선생님 모습에 투영된 자신의 삶을 그려보기도 한다. 자신이 되고 싶은 사람의 모습에 빗대어 때로는 상상하기도 한다. 그런 상상이 발전하여 본인의 꿈으로 바꿔 꾸기도 하고 끝내는 그 꿈을 이루기도 한다.

*

너무나도 잘 아는 영화감독 스티븐 스필버그의 이야기다. 어린 시절 난독증으로 책을 잘 읽지 못했으며, 친구들로부터 따돌림을 많이 당했다. 그런 그가 유일하게 즐거움으로 삼은 것이 영화였고, 영화감독이 되고자 꿈을 꾸게 해주었던 것은 상상력이었다. 영화를 통해 자유로운 상상을 마음껏 펼치는 한편 영화감독이 되기 위해 영화감독 흉내를 냈다. 어린 나이에 정장을 입고, 서류가방을 들고 영화감독인양 유명 영화제작사인 유니버설 스튜디오에 드나들기 시작했다. 그랬더니 실제로 영화섭외가 들어왔다고 한다. 그때 그의 나이 20대 초반, 히트작을 계속 내며 승승장구한 그의 작품이 〈E.T〉, 〈쥬라기 공원〉, 〈인디아나 존스〉, 〈쉰들러 리스트〉, 〈터미널〉 등 이외에도 이루 헤아릴 수가 없다. 스필버그는 말했다.

"나는 영화를 통해, 상상력을 통해 무엇이든 할 수 있으며, 어느 곳에서

나 살 수 있었다."

많은 사람들은 그를 어린아이 같은 상상력을 가진 천재감독이라 부르기를 주저하지 않는다.

결국은 그 모든 게 그가 갖은 상상력의 산물이었다. 자신의 꿈을 상상력으로 현실화시킨 것이다. 물론 그의 상상력을 풍부하게 해주기 위해 자주 동화책을 읽어주던 어머니의 노력도 있었고, 잠들기 전 매일 모험담 시리즈를 들려주었던 아버지의 노력도 있었다. 결국, 상상력의 원천이 된 것은 아버지와의 추억이 영화로 연결된 계기라고도 한다. 하지만 그런 상상력 뒤에 그의 꿈을 향한 노력이 없었다면 어떠했을까? 쉬운 듯, 간단한 듯하면서도 잘 실천되지 않는 부분들이다.

꿈은 위대하다. 그리고 상상력은 더 위대하다. 언제나 꿈을 꾸고 그 꿈을 상상해보자. 스티븐 스필버그처럼….

초등학교 4학년 때의 담임선생님은 우리 학교가 첫 번째로 부임한 학교였다. 청순한 이미지에 늘 검정에 흰 카라가 달린 교복상의를 유니폼으로 단정하게 입으셨다. 화장기 없는 얼굴에 다소 인자한 모습이면서도 위엄이 있는 모습이셨다. 교실이 교무실 바로 옆이라 우린 늘 불이익이 있었다. 수업 중 갑자기 회의가 있을 경우 막무가내로 떠들어대는 우리들이기에, 그럴 때면 어김없이 단체로 손바닥에 매를 맞아야 했다. 공식처럼 매의 숫자는 다섯 대씩이었다. 앞쪽부터 맞았는데 선생님께서 화가 더 나셨을수록 매의 강도도 더 세었다. 나중에는 선생님이 팔아 아파하실 정도까지 되었는데 그때쯤이면 온 교실이 울음바다가 되었다. 그게 한두 번이 아니었다. 그래도 선생님은 우리의 이상이었고, 우리들의 꿈이었다.

한번은 운동장에서 단체 벌을 서고 있을 때였다. 정확히 무엇 때문에 벌을 받아야 했는지 이유는 잘 기억이 나지 않지만, 운동장 10바퀴를 도는 게 벌이었다. 처음 몇 바퀴는 신 나게 달리다가 횟수를 거듭할수록 점점 헉헉거리면서 다리를 질질 끌며 뛰는 게 아니라 거의 쓰러질 듯 걷는 수준이 되었다. 선생님은 우리가 제대로 도는지 뒷짐을 한 채 운동장에 나와서 감시를 하셨다. 그때 운동장에서 놀고 있던 동네 오빠들은 선생님께 쏘아붙였다. '저러다 우리 동생들 다 죽겠다…'라고. 속이 후련했다. 그 순간만큼은 선생님보다 동네 오빠들이 더 멋있어 보였다. 쓰러지기 직전인 우리들을 구해줄 것 같았으니까…. 여덟 바퀴, 아홉 바퀴 숨이 턱에 차면서도 뛰는 내내 희망은 있었다. 끝내 우리를 구해주진 못했지만, 한 바퀴라도 덜 뛸 수 있을까 하는 그때는 그것이 간절한 희망이었다.

겨울방학 때였다. 방학 중 꼭 한 차례씩 당번이 있었는데 그땐 왜 그리도 춥던지…. 칼바람을 맞으며 10리(4km)도 족히 넘지만 꼬불꼬불한 길을 무시하고 논밭을 가로질러 직선으로 길을 만들어 학교까지 뛰어갔더니 석탄으로 불이 한창 달아오른 난로 곁을 내어주시며 몸을 녹이라 하시던 말씀이 생각난다.

"외투라도 입고 오지…."

'외투가 있어야 입죠.' 입속에서 맴도는 말이었다.

그땐 외투가 없었다. 아니 외투를 입고 다니는 아이들이 별로 없었다. 없어서 못 입고 갔지만, 선생님께 그리 말할 수 없었다. 얇은 티셔츠 하나에 장갑도 없이 땀이 나도록 뛰었다. 겨울용 티셔츠가 따로 있지도 않았다. 얇은 털실로 짜인 스웨터는 구멍이 숭숭 나 있어 바람이 그대로 살갗으로 통과하는 옷이었다. 그런 옷을 입었으니 보온이라고는 생각하지도 못하고 뛰면서 몸에 나는 열로 추위를 이겨야만 했다. 그깟 외투 요즘에야 아무것도 아니건만, 그땐 아무나 입을 수 없는 상상 이상의 물건이었다. 그런 실정을 모르시는 선생님이셨지만 따뜻한 불을 쬐게 해주시는 것만 해도 고마웠다. 그건 희망이었다. 칼바람으로 턱이 얼고 손발이 얼었지만, 학교 가면 따뜻한 불을 쬘 수 있다는 것이 희망이었다.

지금 우리 강사들에겐 내가 앞서서 강사의 길을 개척해 나가고 있는 모습이 어릴 적 등굣길에 우리가 칼바람 후에 맞는 따뜻한 난롯불과도 같은 희망이리라. 외투 하나 없이 다시금 집으로 오는 길에 칼바람을 맞을지언정 집에 오면 또 뜨끈뜨끈한 아랫목이 있으니 그 또한 희망이 아니었던가? 사람들은 늘 이렇게 극한 상황에서도 희망을 꿈꾼다. 작은 것에도 희망의 의미를 부여하고 삶을 개척해 나간다. 우리도 그러하다. 외투가 없으면 어떠하랴. 희망이 있으면 되지. 그렇게 긴긴 겨울을 보냈다. 겨울이 지나면 따뜻한 봄이 기다리니 그것 또한 희망이었다.

지자체 지원사업 공모가 뜨자 머리를 싸매고 서류작업을 했다. 끙끙대며 어렵게 작성해 갔는데 양식이 바뀌었다며 새로 작성해 오라고 했다. 그것도 마감 날이라 시간이 빠듯한데…. 어쩌랴 다시 서류를 들고 집으로 왔다. 서류를 집어 던지고 싶은 충동이 순간 일어났다. 그러는 동안 시간만 흘렀고, 마감시간이 임박해오자 다시 마음을 잡고 변경된 양식으로 열심히 작성했다. 그렇게 작성해 간 지원서는 안타깝게도 탈락했다. 탈락도 경험이었다.

한번 해보니 서류작업에 자신감이 생겼다. 비록 탈락은 했지만 '까짓 거 다음에 또 도전하지 뭐!' 하는 오기가 생겼다. 그 후 두 번째 지원사업 도전도 역시 탈락했다. 이유를 생각해봤지만 내가 알 수 있는 부분이 아니었다. 아무튼, 두 번의 탈락으로 잠시 지원사업에 대한 미련을 버리기로 했다. 그래도 다음번에 대한 기대와 희망으로 지냈다.

세 번째 도전은 지원요건이 조금 달랐다. 주민을 대상으로 주민인 강사가 그 과정을 진행할 수 있으면 가능한 프로그램 공모였다. '앗싸! 이건 내 꺼다'. 정성을 다해 또 서류를 작성했다. 결과 발표는 3개월 후라 잊고 지내던 어느 날 드디어 내가 지원한 프로그램이 선정되었다는 반가운 소식이 왔다. 옛말에 '삼세 번'이라는 말이 있었지. 세 번째 도전에 성공했다. 담당자에게 "감사합니다", "감사합니다" 인사를 연거푸 해대며 마음으론 펄쩍펄쩍 뛰었다. 4개 팀이 선정되어 진행은 다음 해에 진행하면 되는 사업이었다. 예산도 깎였고, 기간도 단축되었지만 그게 뭐 대수랴. 처음으로 지원사업에 선정이 되었고, 드디어 강사를 꿈꾸는 이들에게 무료교육의 기회를 열어주게 되었으니 그때 기분이야말로 하늘로 뛰어오를 듯 좋았다.

꿈을
발견하고
이야기하라

꿈을 꾸었는가? 꾼 꿈이라면 그냥 두지 말자. 꿈은 꾸기만 하면 그냥 꿈일 뿐 반드시 꿈을 나누고 이야기하자.

"술에 취해 보이는 것은 헛것이지만 꿈에 취해 보이는 것은 현실이 될 미래입니다."

이창현 작가의 말이다. 그가 비발디에서 이야기하는 가장 강력한 메시지이다.

중·고등학교 진로특강을 가면 '드림텔러'라는 제목으로 학생들과 자신의 꿈 이야기를 나눈다. 소수 몇몇 학생은 확실하게 자신의 꿈을 이야기하기도 한다. 아주 구체적으로 말이다. 그러나 대부분의 학생들은 그러질 못한다. 생각해 보지 않은 탓일 게다. 그래서 그 시간만큼이라도 꿈에 관한 이야기를 막연하게나마 되거나 말거나 발표를 시킨다. 아무거라도 이야기하게 한다. 아무렇게나 내뱉은 이야기가 실제 본인의 꿈이 되는 경우도 가끔은 있다. 그런 시간이 주어지는 것이 다행이다.

학생들에게 멋진 꿈을 심어주던 선생님이 계셨다. 그분은 전 울산여상 교장을 역임하셨던 박문자 선생님이시다. 내가 고1 때 교련 교사로 막 부임해 오셨고 실습을 해야 하는 과목이라 늘 흰색티셔츠를 아주 깔끔하게 입고 계셨다.

강사가 되고 나서, 모교 교장 선생님으로 부임하셨다는 소식을 듣고 인사를 드렸다. 그랬더니 뒤늦게 열심히 공부해서 자신의 길을 걸어가고 있는 모습이 후배들에게 동기부여가 된다며 자주 특강에 불러주셨다. 선생님이야말로 우리 강사들보다 더 학생들에게 동기부여를 해 주고 계신 분이셨다. 열 손가락 안 아픈 자녀 있을까 싶을 정도로 제자들을 아끼고 학교 선생님들을 챙기시는 분이셨다. 정년 퇴임식 날 예정되었던 강의에 다른 강사를 섭외해주고 참석했다. 평소 교장 선생님의 모습을 당일 그대로 볼 수 있었다.

"나는 울산여상의 자랑이자, 울산여상은 나의 자랑이어라."

재학생과 동문들이 한마음으로 외치는 순간 창포체육관은 눈물바다를 이루었다. 박문자 교장 선생님이 학생들의 자존감 향상을 위해 내건 슬로건이었는데 졸업한 지 수십 년이 넘은 지금의 나도 이 슬로건을 외치면 왠지 가슴이 뭉클해졌다.

퇴임 전 교장 선생님의 기획으로 Jump UP 특강이 진행되었다. 강사는 동문 선배들로 구성된 전교생을 위한 프로젝트였다. 퇴임하신 지 2년이 되었지만, 작년과 올해도 Jump UP 특강은 계속되었다. 앞으로도 교장 선생님의 마음을 담은 이 특강은 영원히 계속될 것 같다. 이런 특강이 계속될수록 꿈을 잡는 학생들이 점점 늘어나리라고 본다.

*

다음은 나도 모르게 나의 꿈이 발견된 사례다.

학원연합회 주최 1년에 한 번씩 수학경시대회가 있었다. 한번 할 때
마다 울산시내 전체 학원의 학생 800여 명씩 참가했다. 보통은 채점과
시상이 대회 이후에 있어 왔는데 기관장상일 경우 주최 측의 공정하지
못한 상황이 있을 수도 있다며 기관장상만큼은 당일 발표하기로 방침을
바꾸었다.

각 학원들은 기관장상 수상이 학원홍보에 엄청난 파급효과가 있었기
때문에 기를 쓰고 연습을 시켜 대회에 출전한다. 그래서 채점하는 동안 학
생들을 운동장에 그대로 방치할 수가 없어 이벤트를 진행하기로 했는데
이벤트사에 맡기면 비용이 많이 들어 원장 중에서 그것을 대신하기로 의
견이 모였다.

평소 나의 행동만 보고 그 진행자로 내가 추천되었다. 비용을 절약하기
위함이니 재능기부를 좀 해달라는 간곡한 부탁이었다. 내가 전문 진행자도
아닌데 전문 진행자 흉내를 내게 되었다. 고민하다가 수락했다. 그날부터
내 머릿속은 온통 그 이벤트의 진행에 가 있었다. 시간배분과 상품배분 등
음향시설 하나 없는 삭막한 운동장에서 이벤트 진행을 해 본 적도 없는데
시간이 다가올수록 눈앞이 캄캄했다.

이벤트 비용을 아끼는 대신 아이들에게 상품으로 다 풀기로 했다. 학교
운동장에 주어진 것은 딸랑 마이크 하나가 전부였다. 대신 상품은 많았다.
1등 상품이 두발자전거였다. 상품만으로도 충분히 아이들의 시선을 모을
수는 있었다. 마이크 하나로 나의 경험 없는 이벤트 진행이 시작되었다. 학
원에서 노래와 율동으로 단련된 나의 재주가 전부였다. 반응은 좋았다. 중

간중간 퀴즈와 상품추첨을 해가며 운동장의 학생들을 진두지휘했다. 운동장에서는 이벤트가 진행되고 있었고 교실에서는 채점이 진행되고 있었다. 나중에 들은 이야기지만 모두들 '채점 때려치우고 밖에 나가서 어울리고 싶다.'라는 얘기를 했었다고 한다. 어설펐지만 최선을 다한 진행으로 잘 마무리할 수 있었다.

이듬해 경시대회에 또 섭외가 왔다. 또다시 아이들에게 '상품'이라는 꿈을 발견하게 하는 시간이었다. 이번엔 음향시설을 좀 갖춰달라고 요청하고 당일 진행을 했다. 녹음테이프에 당일 내가 쓸 음악을 차례대로 녹음하고 음향을 빵빵 울리며 진행을 했다.

당시 〈독도는 우리 땅〉 노래가 붐을 일으키던 시기였기에 그 음악만으로도 반응이 굉장했고 수학경시대회에 참가하고 애국의 마인드를 불러일으키는 계기도 되었다. 내가 '독도는' 하면 '우리 땅'으로 답했다. 운동장에 모인 아이들의 함성은 지금도 메아리 되어 들려오는 듯하다.

진행 스태프 없이 혼자서 음악 틀고 진행하고 상품 나눠주고 일명 '북 치고 장구 치고'였다. 두 해 연이은 진행으로 진짜 내가 이벤트 진행을 하는 사람으로 알고 학원가에서 스타가 되었다. 연말 재롱발표회 사회요청도 왔다. 내가 발견하지 못했던 끼는 또 다른 사람에 의해 세상에 모습을 드러내고 있었다.

꿈을 발견하는 것은 어려운 일은 아니다. 아이들이 운동장에서 뜨거운 햇살 아래 진행자의 말 한 마디 한 마디에 귀 기울이는 것은 다름 아닌 상품을 타기 위해서다. 당첨될지도 안 될지도 모르는 상품을 타기 위해서 그렇게 열광을 한다.

만약 그 상품이 아이들의 꿈이었으면 어땠을까? 그래도 열광했을 것이다. 꿈은 상품과도 같다. 상품을 발견했기 때문에 열광을 하는 것이다. 상품을 받기 위해 열광을 하는 것은 목표를 이루기 위한 노력이다. 그들이 상품을 발견하고 상품을 받기 위해 열광하는 것처럼 꿈을 발견했다면 상품을 받기 위해 열광했던 것처럼 집중하고 또 집중한다면 어떻게 될 것인가? 꿈은 멀리 있지 않다. 그날 아이들의 꿈은 오로지 상품이었다.

아마도 이때가 나의 꿈을 발견하게 된 최초의 계기였는지도 모르겠다. 진행자로서 무대에 선다는 것과 겁 없이 큰 무대진행을 수락해 버린 것들이 그것이다. 봉사단체 행사 진행을 하면서 약간은 익혀둔 것이 있어 덜컥 수락했는지도 모르겠다. 그런데 1부 사회와 2부 사회는 달랐다. 그동안 봉사단체에서 진행한 것은 1부 사회였고, 운동장에서 진행한 것은 2부 사회로 진행 방식이 달랐다.

그때 이후 크고 작은 축제나 행사가 있을 때마다 나는 발품을 팔았다. 가서 그 무대의 관객이 되기도 했지만, 그것보다 내가 지켜보는 것이 있었다. 그것은 다름 아닌 진행자였다. 진행자의 멘트와 제스처를 살폈다. 경우에 따라서는 메모를 해왔다. 각기 진행자마다 조금씩 달랐지만 많은 말보다는 전달력이었다. 몇 단어를 안 쓰고도 임팩트 있는 전달력 그것이 내가 익혀야 할 과제였다.

집에서도 연습을 해봤다. 말이 꼬였다. 몇 단어 안 되었지만 쉽지 않다는 것을 알게 되었다. 하지만 그것은 전문 진행자가 되기 위해서가 아니었다. 나의 꿈이 그때는 세상 밖으로 나오기 전이었으나 꿈을 발견한 나의 날갯짓이었다. 그들도 이런 과정이 있었을 것이다. 이런 과정들이 나의 강사 생활에 엄청난 베이스가 되어 주었다.

꿈을
잡아라

꿈은 위대하다. 꿈을 꾸자. 꿈은 희망이다. 꿈꾸지 않는 자는 희망이 없다. 꿈이 많으면 분명 길도 많다. 많은 꿈을 꾸고 그 꿈을 향해 달려나가자. 꿈 예찬론자들의 말이다.

누구나 가진 꿈, 그 꿈을 어떻게 잡을 것인가? 꿈을 잡는 데 필요한 것이 바로 비전설계다.

꿈은 이야기할수록 성취가능성이 높아진다. 이것을 나는 '떠벌림 효과'라고 말한다. 자신의 목표를 공개함으로써 그 목표를 달성하기 위해 더 노력하게 된다.

자신의 꿈을 혼자 갖고만 있으면 그것은 꿈으로 끝난다. 꿈을 찾았다면 그 꿈을 이루기까지 끊임없이 주위 사람들에게 알리라고 말한다.

혹시 그 꿈을 못 이루면 어떡하지 하는 생각으로 말하기를 꺼리는데 사람들은 아무도 그렇게 말하지 않는다. 오히려 더 잘되라고 응원을 해준다. 나도 꿈이 있을 때마다 그 꿈을 떠벌렸고, 그럼으로써 그 꿈을 이루기 위해 더 노력하는 나를 발견했다.

지금도 마찬가지다. 내가 계획하고 있는 일들 2018년 목표 20가지를 내 책상 앞에 붙여놓고 다른 사람들에게 발표했다. 현재 굵직한 13가지를 이루었다. 나머지 7가지도 올해 안에 이루기 위해 끊임없이 노력할 생각이다.

"스승님, 저 스승님 따라갑니다."

튜터 때 담당했던 어느 학생의 이야기다.

그 학생은 아마도 꿈을 잡은 게 분명했다.

청춘들은 꿈이 없다고 이야기한다. 나의 꿈은 무엇이었을까? 학교 다닐 때는 선생님이었지만 고등학교를 졸업 후부터는 TV 드라마에 자주 나오는 작은 회사의 부장이 되고 싶었다. 그때만 해도 여자 부장이 흔치 않았지만, TV에서는 공공연히 등장했다. 직원이 많지도 않았다. 대여섯에 각자의 전문적인 일을 하는 모습들을 보며 드라마이지만 현실의 내 모습으로 자주 상상하곤 했다. 그러나 늘 머릿속으로 상상만 하고 실행을 하기 위한 액션이 없었기에 꿈으로만 그쳤다.

눈으로 볼 수 있고 확인할 수 있는 것이라곤 자연밖에 없던 시골에서도 나름 꿈을 꾸며 지냈는데 요즘은 꿈을 꾸기에 얼마나 좋은가? 멋진 여행지, 좋은 책, TV 등을 통해 쏟아지는 정보들…. 내가 생각하지 못한 아이디어들도 주변 환경 속에서 얼마든지 찾을 수 있다. 그럼에도 꿈이 없다고 얘기한다면 아마도 꿈꾸는 훈련과 연습이 필요한지도 모르겠다. 각박한 현실에 취업과 공부에 찌들다 보니 꿈을 먼 나라의 이상으로만 생각하고, 나와는 거리가 멀다고 생각하는 학생이 대부분이었다. 공무원이 뭐하는 사람인지도 모르면서 자신의 꿈보다는 부모의 꿈인 공무원을 꿈이라고 얘기하는 학생들도 있었다. 순수하게 본인이 하고 싶은 것을 꿈이라고 얘기하는 학생들이 드물었다.

《바나나 그 다음》이라는 수필집을 쓴 박성호 작가의 강의를 들었다. 그는 주체성 없는 삶이 불행하다고 여기며 내가 주인인 세상을 살아가기를 원했다. 그런데 그에겐 '대치동 키즈'라는 수식어가 따라다녔다. 본인의 꿈보다는 부모가 설계해준 대로 움직이는 그런 학생이었던 것이다. 그런 그가 자신의 꿈을 찾기 위해 휴학 후 호주로 떠났고 거기서 세계일주라는 계획을 세우며, 세계일주를 하기 위해 돈을 벌기 시작한다. '대치동 키즈'로 자랐던 그가 대단한 모험을 시작한 것이다.

바나나 농장에서 엄청난 무게의 바나나를 따는 노동을 통해 돈을 버는 족족 세계지도에다 여행 노선을 이어나갔다. 100일 정도 일을 한 후 모은 돈으로 그동안 그렸던 세계지도의 노선대로 세계일주를 다녔다. 추위를 이기기 위해 가져간 옷을 있는 대로 다 껴입고 더위와 벌레와도 싸웠지만, 적응이 되더라는 거였다. 세계일주라는 비전이 있었기 때문이다. 한 번도 해보지 않은 노동을 하면서도 비전이 있어서 행복했다고 한다. 여행을 마치고 돌아와 카이스트를 수석으로 졸업하고 그 길로 치의학전문대의 길도 취소하고 본인을 위한 길로 진로를 바꾸게 된다. 지금도 간간이 있는 강연수입으로 생활하면서도 내 삶의 주인공은 나라고 생각하면 그 느낌이 행복하다고 한다. 그의 꿈은 자신의 삶을 주체적으로 살면서 행복을 찾는 거였다.

강사가 되고 나서는 구체적인 비전설계를 시작했다.

'나만의 콘텐츠를 가지고 전국투어를 다닌다.'

이 문구를 쓰고 나서 잊고 지냈는데 그해 연말쯤 나는 소스라치게 놀랐다. 비록 나만의 콘텐츠는 아니었지만, 전국으로 진로캠프 강의를 다니고 있었으니 결국 전국투어를 다니고 있는 셈이 아닌가? 그 문구를 쓸 때만 해도 내가 진로캠프강의를 할 거라고는, 전국으로 다닐 거라고는 상상조차 못했던 터였다. 그런데 전국으로 다니고 있었다. 기가 막히는 일이었다. 이

것이 비전의 힘이다.

꿈이 '막연한 미래'라고 한다면, 비전은 '구체적인 미래'다. 이것이 꿈과 비전의 차이다. 우리는 꿈을 꾸고, 비전을 설계하고, 그 꿈을 잡아야 한다.

비전은 자신이 누구이고, 어디로 가고 있는지를 알려주는 자신의 미래에 대한 내비게이션이다.

비전을 설계하려면 의미 있는 목표와 뚜렷한 가치관 그리고 미래에 대한 청사진이 필요하다. 구체적인 목표는 구체적인 결과를 낳고 애매한 목표는 모호한 결과를 낳거나 아예 아무런 결과도 만들어 내지 못한다.

현재까지는 내가 꾼 큼직한 꿈들을 모두 잡았다. 늦깎이 공부도 그렇고, 늘 마음의 짐과도 같던 고졸 학력을 벗어나 대학과 대학원도 다녔다. 그것만 해도 대단한 경사인데 그때부터 나의 꿈은 내가 꾸는 대로 손에 잡혔다. 한 가지 뚜렷한 목표를 가지고 달렸기 때문이기도 했다. 좌우 살피지 않고, 한눈팔지 않고 앞으로만 달렸기 때문이었는지도 모르겠다.

또한, 강사라는 직업이 일하면서 학업을 지속할 수 있는 직업이었기 때문이기도 하다. 바쁠 때도 있지만 한가한 시간도 있으니 그런 시간을 최대한 활용할 수 있었다.

비전강의를 할 때 자주 등장하는 인물들이다. 꿈은 꼭 거창하지 않아도 된다. 꿈 전도사 김수영의 꿈 목록에는 '중매쟁이 되기', '농장에서 유기농 야채 길러 먹기', '사람들과 교류하며 열정 나누기' 같은 것도 있다. 꿈을 잡고자 하는 이들에게 남기는 그녀의 메시지다.

"꿈은 생각만 하면 바람일 뿐입니다. 바람은 생각만 하면 바람처럼 날아가 버립니다. 그러나 이것을 글로 써두면 자기인생과의 계약이 됩니다. 그

각각의 꿈에 시간을 정하면 계획이 되고 계획을 실천하면 현실이 되지요."

빌 게이츠의 비전은 "전 세계 집집마다 컴퓨터를! 모든 정보를 손끝에서!"라는 것이었다. 지금 어떤가? 현실이 되어 있다. 1980년대 초 빌게이츠가 새로운 소프트웨어 혁명과 IT기업의 비전을 제시할 때, 세상은 그의 말을 무시했다. 그러나 지금은 그의 말에 귀를 기울인다. MS사가 새로운 제품을 발표할 때마다 전 세계 컴퓨터 업계가 술렁인다. 빌 게이츠는 자신의 미래에 대한 꿈과 비전으로 성공경영을 이루어냈다.

2018년 초, 모 강사의 신년 비전설계에 '365일 강의'가 있었다. 우리 모두 이구동성으로 그게 말이 되느냐고 했다. 그런데 기약 없었던 개인의 꿈을 이야기하고 공유하면서 그 꿈을 우리의 손아귀에 넣었다.

그 강사의 꿈이 함께하는 나의 꿈이 되면서 '이러다 진짜 365일 강의 하겠다.'라며 입버릇처럼 떠들고 다녔다. 그리고 5개월 후, 말이 될 것 같지 않았던 '365일 강의'가 말이 되고 말았다. 그 강사도, 나도….

6월과 7월 강의가 없는 날이 하루도 없었다. 오히려 하루에 두 건씩 있는 날이 많았다. 꿈을 이야기하는 순간 그 꿈이 또 우리의 현실이 되어 버렸다. 그리고 텅 비었던 8월의 달력에 속속 스케줄이 차기 시작했고, 강의 일정이 맞지 않아 강의를 못 받는 상황도 생겼다.

전국의 많은 강사들이 각기 자신이 꿈꾸는 무대를 위해, 그 꿈을 잡기 위해 노력한다. 그러기 위해서 강의를 마치고 나면 늘 스스로를 피드백한다. 남의 피드백도 중요하지만, 자신의 피드백도 중요하다. 자신이 만족할 때가 있고 그렇지 못할 때도 있기 때문이다. 그러기에 더 나은 미래를 위해서 모진 피드백도 마다치 않는다. 그것은 강사 자신만의 꿈을 잡기 위한 노력이고 과정이다.

준비된 자
기회를
만나다

흔히들 인생에 있어서 세 번의 기회가 있다고 한다. 하지만 난 그렇게 생각하지 않는다. 기회는 무수히 많다. 그리고 기회란 아주 날쌘 녀석이라 순식간에 왔다가 순식간에 사라져 버리는 놈이다. 그런 녀석을 잡으려면 우리는 무한한 꿈을 꿔야 하고 또한 그 꿈을 현실화시키기 위해 노력을 해야 한다.

그리스신화에는 두 명의 시간의 신이 등장한다. 한 명은 크로노스 (Chronos)이고, 또 한 명은 카이로스(Kairos)다. 크로노스는 가만히 있어도 그냥 흘러가는 자연적인 시간의 개념으로 누구에게나 공평하게 주어진 시간을 말한다. 반면 카이로스는 상대적인 시간의 개념으로 같은 시간이라 하더라도 사용하는 사람에 따라서 다른 의미가 있는 기회의 신을 말한다.

시간을 어떻게 사용하느냐는 개인에게 달려있다. 마찬가지로 기회를 만날 수 있는 수많은 시간도 개인에게 존재한다. 미소로 환하게 인사할 기회, 나를 혹은 다른 사람을 칭찬할 기회, 감사할 기회, 좋은 사람을 만날 기회, 성공할 기회 등 무수히 많지만, 그 순간순간들은 자기도 모르는 사이 쏜살같이 지나가 버린다. 기회란 이처럼 누구에게나 오지만 준비되지 않는 자에겐 모르고 지나쳐버릴 수밖에 없을 만큼 빠르게 지나간다. 그것이 기회이다. 기회란 우리 주위에 늘 서성거리면서 준비가 된 자에게 순간포착이 된다. 기회를 만난 적 있는가? 나는 적절한 시기에 그 기회를 만났다.

다수 뜻을 같이하는 사람들의 모임 밴드가 있었다. 초창기부터 회원이었는데 일 년쯤 지난 어느 날 낯익은 이름이 가입을 했다. 내게 저장된 전화번호와는 다른 번호였지만 동일인이라는 것을 직감하고 전화를 했다. 며칠 뒤 우리의 반가운 만남이 있었다.

그녀는 한국공예문화센터 장한진 대표로 우리가 못 만난 사이 공예 쪽으로 엄청나게 성장해 있었다. 맨바닥에서 시작해 주부역전 스토리의 주인공이 되어 있었다. 아기를 등에 업고 스터디에 참여할 때가 엊그제 같았는데 청년창업유공자로 표창도 받았고 많은 강사들을 양성해 학교로, 기관으로, 각종 행사장으로 파견하고 있었다.

그동안 몇 차례 연락을 한 적이 있었지만, 연락이 닿지 않았는데 역시나 전화번호가 바뀐 탓이었다.

만남의 첫 멘트는 신상조사였다.

난 다른 사람들을 오랜만에 만나면 제일 궁금한 것이 무슨 일을 하고 있는가를 묻는다. 내가 일을 하고 있기 때문일까? 다른 사람은 아파트 몇 평에 사는지? 돈은 많은지? 남편은 뭐 하는지? 이런 것들이 궁금할지 모르겠지만 나는 어떤 일을 하는지가 궁금했다. 이것은 일하는 사람의 특징일 것이다. 만약 주부였다면 질문이 달랐을지 모를 일이기도 했다.

그녀의 당당한 모습이 직업적으로 성공했음을 말해줬다. 부러웠다. 적은 평수이지만 가게도 있었다. 그녀는 늘 외쳤다. '주부역전 스토리'를 타이틀로 주부들에게 꿈과 희망을 주는 전도사였다. 처음 풍선을 배우고 방과 후 강사가 되기 위해 자신의 키보다 큰 풍선을 들고 다녔을 정도로 힘든 시기를 보냈고, 누구의 아내, 누구의 엄마가 아닌 자기 이름으로 일을 하고자 했던 꿈을 모두 이뤄낸 대단한 주부대표였다. 이후 KBS 〈2TV 생생정보〉 프로그램에서도 소개되었고 이미 각 기관과 학교 등에 알려진 업체라 일에 일이 꼬리를 물고 이어졌다.

그런 그녀를 서로 각자의 길을 가다 만나게 되었다. 방송대 1학년 때 같은 스터디 멤버로 한 학기만을 그녀와 만난 후 7년 만이었다. 그녀는 사업적으로 달렸고, 난 학업 쪽으로 달렸다. 난 그녀가 부러웠다. 그녀가 그렇게 달릴 동안 난 방과 후 강사를 하면서 학위를 취득했다.

학업적 성취는 이루었지만, 직업적 성공은 이루지 못했다. 학업적 성취는 나의 만족일 뿐 겉으로 드러난 성공은 없었기에 순간 그녀 앞에서 작아지는 나를 발견했다.

공예파트에서는 일인자였지만 교육파트 쪽으론 늘 부족한 콘텐츠로 고민하던 차에 나를 만나게 된 것이다. 나 같은 사람을 찾고 있었노라고 말했다. 대박이었다. 조금 전까지만 해도 작게 느껴졌던 자신이 그녀가 만들고 다녔던 풍선처럼 부풀어 오르기 시작했다.

때마침 그녀가 준비하던 국비 지원사업인 진로직업코디네이터 양성과정에 진로교육부분에 내가 투입되었고 그게 선정이 되었다. 일회성 강의만 간간이 하던 내가 무려 12회차 36시간짜리 강의를 하게 된 것이다.

기회는 찾아오는 것이 아니라 찾아 나서야 한다. 기회를 만나기 위한 노력은 기본이다. 만약 기회를 찾아오게 하려면 최소한 기회를 선택하거나 움켜쥘 준비는 하고 있어야 한다. 기회란 절대로 우연히 오는 법이 없다. 아무리 좋은 기회가 왔다 하더라도 자신의 손으로 잡을 수 없으면 그것은 기회가 아니다.

강사가 되고자 했을 때 선배 강사들에게

"어떻게 하면 강사가 될 수 있어요?"라고 물었다. 그랬더니 대뜸

"무슨 강의를 하고 싶어요?"라고 되물었다.

처음부터 자신만의 콘텐츠가 있어야 하는 줄 알았다. 그런데 초보강사인 내가 할 수 있는 답이 없었다. 뭘 하고 싶은지, 무슨 강의를 해야 하는지, 그걸 모르겠는데 말하라고 하니 답답했다. 그건 어느 정도 위치에 올랐을 때나 답할 수 있는 질문임을 나중에야 알게 되었다. 그럼에도 많은 강사는 초보강사들에게 같은 질문을 한다. 답할 수 없다는 것을 뻔히 알면서도 말이다. 자신들이 그런 길을 걸어왔음에도 제대로 말해 주지 않는 게 강사들의 세계다.

난 그게 싫었다. 나는 강사들에게 제대로 알려주어야겠다고 생각했다. 제대로 알려준다는 것조차 답이 아닐 수도 있다. 그러나 두루뭉술하게 무슨 강의를 하고 싶으냐는 막연한 질문은 하지 않을 것이다.

본인이 느끼기에 이거다 싶으면 우선 배우기를 주저하지 말고 시작하라고 하고 싶다. 하다 보면 자기와 맞는 부분을 발견하게 될 것이다. 처음엔 '찬밥 더운밥' 가리지 말라고도 말한다. 초보강사에겐 강의무대가 중요하다. 그게 무료강의든 유료강의든, 대상이 학생이든 성인이든 가리지 말아야 한다는 뜻이다.

어느 정도 경력이 쌓였을 때 그땐 본인의 색깔을 찾아 본인만의 색깔을 내면 된다. 불러주지도 않는 초보강사에게 자신의 색깔만 고집하는 것은 위험천만한 일이다.

그럼에도 많은 선배강사들은 초보강사에게 여전히 '무슨 강의를 하고 싶으냐?'라는 질문에 초보강사들은 소리 없는 아우성을 내뱉는다.

여전히 무슨 강의를 해야 할지 몰라 선택한 것이 부모교육이 내게 맞겠다는 생각을 하게 되었다.

학원운영경력에 학부모 상담 경력이 있었던지라 그게 가장 맞을 거라는 생각을 하면서 무릎을 탁 치며 쾌재를 불렀다. 선배강사들의 질문에 맞춤형 답을 찾은 셈이었다.

그러던 차에 수강 중이던 프로그램에서 강사가 하는 한 마디에 꽂히게 되었다. 교육의 근본 목적은 인간행동의 변화와 성장임은 교육학을 전공한 나로서 모르는 바는 아니었지만 '교육은 변한다. 아주 천천히 변한다.'라고 강의 중에 말한 그 멘트가 내게 확 와 닿았던 것이다. 그분이라면 내가 걱정하고 고민하는 나의 길을 분명 알려줄 것만 같았다. 그분의 명함을 받고 며칠 뒤 만났다. 아주 반갑게 맞아주시며 점심까지 사주셨다. 그분에게서도 역시 "무슨 강의를 하고 싶어요?"라는 똑같은 질문을 받았고, 나는 '부모교육'이라고 말했다.

그분이 제시한 답은 명쾌했다. 그 기관에서 진행하는 부모교육 관련 모든 프로그램을 수강하라고 하셨다. 듣는 순간 정답을 얻은 듯했다. 지푸라기가 아닌 확실한 길을 제시하는 것만 같았다. 그렇게만 하면 나만의 콘텐츠가 생길 것 같고 내가 원하는 강사의 길로 갈 것만 같았다. 그 자리에서는 그러겠노라고 대답을 해버렸다.

집에 와서 곰곰이 생각해봤다. 우선은 돈이 문제였다. 아니 돈은 평생교육기관에서 진행하는 거라 그다지 비싸지 않았지만, 시간이 문제였다. 당시 대학원 석사과정 1학기 차였던지라 주 2회 부산에 가야 했고, 방과 후 수업시간에 저녁이면 과외수업으로 그분이 말하는 명쾌한 답변에 편승할 처지가 못 되었다. 결국, 그러겠노라고 한 대답은 허공으로 날려 보내고 다시 나만의 방식으로 길을 찾기 시작했다.

그렇게 여러 기관의 강사과정들을 두루 수강하던 차에 진로교육을 만났을 때 '이거다!' 싶었다. 순간의 선택이 10년을 좌우한다고 했던가?

여러 과정을 수강하다 보니 중복되는 경우가 생겨 수강료만 내고 수강을 하지 못하는 경우도 생겼다. 오가는 경비를 아끼기 위해 찜질방에서 자면서 '내가 미쳤지~!' 하면서도 '미친 짓'을 해가며 준비해 왔던 과정들이 장한진 대표를 만나면서 나의 콘텐츠가 세상 밖으로 나오게 되었다.

그녀는 나의 콘텐츠를 탄생시켜준 고마운 사람이다. 평생 잊지 못할 동생이자 지금은 서로 정보를 공유하고 함께 윈윈하는 교육사업의 파트너다.

그녀가 꿈꾸는 일들 모두 이루어지기를 응원한다. 그녀는 꼭 그렇게 할 것이다. 그녀가 말하는 2027년의 모습이 기대된다. 덩달아 가슴이 뛴다. 그녀의 비전은 주부들 모두가 꿈꾸어도 좋을 비전이다. 주부역전 스토리의 주인공이 되고 싶다면 '그녀를 찾기'를 권해본다.

02

홀로
서기
시간들

아버지는
의인이셨다

나는 아버지가 없다. 아니 아버지에 대한 기억이 없다. 그러니 아버지의 사랑을 모르고 자랐다. 아버지를 대신하던 큰오빠는 자상함은 없고 오히려 아버지 없이 자란다는 소리를 듣지 않기 위해서 가까이 접근하기가 어려울 정도의 위엄으로 동생들을 훈육했다.

내가 기억하는 아버지는 단 세 컷의 이미지밖에 없을 정도다. 아버지는 내가 초등학교 1학년 때 돌아가셨다.

그해는 가뭄이 심해 마을 위 저수지의 물을 빼야 하는데 마을사람들이 모두 저수지에 모여 의논을 했다. 물을 빼려면 누군가 저수지에 들어가 저수지 바닥에 있는 숨구멍을 빼야 했다.

아무도 들어가려고 하지 않자 아버지께서 '내가 들어가마.' 하시며 안전장비 하나 없이 맨몸으로 뛰어들어 소임을 마치시고는 변을 당하셨다.

학교에서 돌아와 부엌에서 허기진 배를 채우고 있는데 '큰일이 났다.'라며 사람들이 소리치며 마을 위로 몰려가는 소리를 들었다. 영문도 모른 채 허겁지겁 밥을 먹고는 그 대열에 합류해 마을 위 저수지에 다다랐다. 아버지는 소 안장에 거꾸로 몸을 의지한 채 계셨고 이미 숨을 거두신 후였다. 엄마와 언니들 그리고 동네 사람들은 모두 울음바다가 되었지만 나는 가만히 있었다. 마을에서 수시로 초상을 치르는 모습을 봐 왔지만, 사람이 죽는다는 것이 뭔지를 몰랐다. 이 글을 쓰는 순간 처음으로 아버지를 잃은 슬픔을 맞이했다. 그때의 기억에, 아버지에 대한 그리움에, 딸로서 그 슬픔에 울지 못하고 마을사람들을 대신해 목숨을 잃은 억울함에 소리치지도 못했던 불효가 한꺼번에 밀려왔다. 그동안 한 번도 아버지를 기억하며 슬퍼해 본 적도, 아버지의 빈자리를 생각해 본 적도 없었다. 으레 없었던 빈자리의 아버지였을 뿐이었다.

'아버지 못난 딸 용서하세요.'
'단 한 번도 아버지를 떠올리며 슬퍼해 본 적 없는 딸, 오늘은 맘껏 울어 봅니다.'

지금 같으면 의인으로 추대되어 추모비가 세워져야 할 일이다. 그 누가 알아주지 않아도 나는 나의 아버지를 이 글에서라도 우리 마을을 가뭄에서 구하고 마을을 살린 의인이셨노라고 부르고 싶다.

울고 났더니 속이 후련한 게 아니라 가슴이 따가웠다. 심장이 마구 뛰었다. 이런 느낌, 처음이었다. 왜 그랬을까? 어찌 단 한 번도 아버지를 생각하지 않았을까? 아버지에 대한 안 좋은 기억이 없었는데도 그저 없는 사람으로만 여겼던 자신이 미웠다. 또다시 눈물샘이 쏟아졌다. 나 자신에 대한 감정을 너무 억누르고 살았다는 생각이 들었다. 표현하지 않는 것이 미덕이라 여겼다. 매사 참아야 하는 줄 알았다. 그동안 나의 활달함과 자유로운 표현력은 무엇이었을까? 난 참 '겉과 속을 다르게 행동하고 있었구나', '내가 참 힘들었겠구나.', '표현한다는 것도 쉽지 않지만 표현하지 않고 산다는 것도 참 힘들었겠구나.'
지금 이 순간이 이리도 따가운데 그럼 그동안 나의 울음은 무엇이었지?

이웃집 사람이 돌아가셔도, 남의 집 문상만 가도 울었던 그 눈물의 정체는 무엇이었는지…. 연속극을 보면서도 감정이 풍부해서 잘 우는 줄로만 알았는데….

'감정이 풍부한 것도 아니었구나.'

내가 기억하는 세 컷의 이미지 중 첫 번째는 갓 쓰고 수염을 기르신 초상화 속에 담긴 선비의 모습이 그 하나이고, 두 번째는 술만 드시고 오면 식구들을 차례로 불러 문 앞에 세워놓고 훈계를 하시던 모습이다.

아버지는 사랑방에서 언니 오빠들을 한 사람씩 차례로 불러 문밖에 세워놓고 차분한 목소리로 끝도 없는 훈계를 하셨다. 절대로 언성을 높이지도 않았다. 밖에 서 있던 언니들은 감히 반항하거나 싫은 소리는 못하고 그저 듣고만 있었다. 그러다 너무 지루해서 제발 그만해 줬으면 하고 흐느껴 울었다. 그건 엄마가 좀 나서서 도와달라는 신호였다. 그때쯤이면 엄마의 그만하라는 고함이 들리고서야 그날의 훈계는 끝이 났다. 그걸로 끝이었다. 아버지는 술을 자주 드셨지만, 엄마와 싸우는 것도, 자식들에게 야단하는 것도 본 적이 없기에 초상화 속의 인자한 모습이 가장 많이 차지하고 있었다.

또 하나는 아침을 먹을 때였다. 그때만 해도 아버지 밥상을 따로 차리고 나머지 식구들이 둥근 밥상에 같이 먹곤 했다. 식구가 많다 보니 어린 나도 도울 거라고 아버지 밥상을 들어 옮기다 그만 엎질러 버렸다. 작은 오빠 무릎에 상 위의 음식들을 고스란히 쏟아 버린 것이었다.

아뿔싸! 큰일 났다 싶었는데 아버지께서 "국은 잘 내카놨다." 하시며 다른 말씀이 없으셨다. 다행히 뜨거운 국을 내려놓고 옮겼다. 그대로 쏟았으면 어찌할 뻔했을까?

내가 기억하는 아버지의 모습은 이것밖에 없다. 밥상을 쏟았음에도 야단보다는 '다행'이라고 말씀하시던 아버지, 그건 아버지의 사랑이었다….

처음부터 내게는 없는 자리의 아버지였었기에 자라면서 한 번도 아버지의 빈자리를 생각하지 못했다.

취직할 때 면접질문에서 가끔 아버지에 대해 묻는 경우가 있었다. 그때도 그 질문은 의례적인 질문으로만 생각됐다. 결혼식 할 때 친정아버지의 손을 잡고 입장하지만 난 큰 오빠의 손을 잡고 입장했다. 그것도 문제가 될 것이 없었다. 학교 운동회 때 손님 찾기에서 '아버지 손잡고 뛰라.'라는 미션이 있었지만 당황하지 않고 무작정 아무나 손잡고 뛰었던 순발력도 있었다. 내겐 처음부터 없던 자리였기에 그런 행동을 보였으리라.

그런 빈자리는 결혼 후 시아버지로 옮겨졌다. 빈자리에 한 사람이 더 차지한 자리는 가족의 풍성함이었다. 내게 없던 자리의 채움은 낯설고 생소했다. 다음은 그 빈자리, 새 주인공의 이야기다.

오랜 공무원생활에 반듯하신 시아버지는 시어머니가 느끼기엔 숨 막힐 정도로 바른 생활만 하셨던 분이시다. 술 담배 안 하시고 칼퇴근하셨으니 당시 자주 듣는 말로는 "저 양반은 친구도 없나." 였다.

겉으로 보는 이미지는 친정아버지와 비슷했고 가끔 전화 너머 들려오는 "그래."라는 목소리는 아직도 귓가에 쟁쟁하다. 그럼에도 가까이 친하게 접근하기에는 어딘가 모르게 차가우셨던 분이라 쉽게 다가가질 못했다.

시아버지는 검소하기에는 이를 데 없었고 20년을 한결같은 생활을 해오셨다. 그러던 시아버지가 사월 초파일 '부처님 오신 날' 갑자기 심장마비로 돌아가셨다. 자식 며느리들 일하는 데 지장을 주지 않으려고 돌아가신 날도 초파일이었나, 라는 생각도 들었다.

바른 생활만 하셨던 시아버지는 돌아가신 후 시어머니도 모르는 돈, 이천만 원이 집에서 발견되었다. 10년 전의 일이다. 평소 검소하게 지내시며 알뜰히 생활하시던 당신께서는 자식들이 돈을 마구 쓰는 것 같아 한심하게 보였을지도 모르겠다. 그래서 사후에라도 검소한 생활을 가르치려 했던 것 같았다. 우리가 감히 흉내 내지 못할 일이다. 시어머니에겐 숨 막히는 반듯한 생활이 자식들에겐 교훈으로 남았다.

정년퇴임 후 한 달 정도를 울산의 우리 집에 모신 적이 있었다. 평소 즐겨 드시는 음식은 하루 세 끼 무조건 된장이 있어야 했고 까다롭지도, 같이 지내는 동안 불편하지도 않았다. 주말이면 일부러 대구로 자리를 피해 주셨던 분이다. 아버지의 세 컷 이미지에 시아버지와는 19년을 함께하였으니 공간의 크기로는 비교가 안 되지만 지금에서야 세 컷 이미지가 시아버지보다 더 큰 공간으로 자리 잡는 건 핏줄 때문일까?

어쨌든 지금은 두 분 다 내 곁에 없다. 처음에 빈자리였듯이 지금도 빈자리이기는 마찬가지다. 그럼에도 초상화의 이미지가 떠오른다. 가슴이 아파져 옴을 느낀다. 이제야 아버지를 그리워하는 막내딸의 모습이다. 술 드시고 문밖에 서 있는 내게 몇 시간 동안 훈계하시더라도 내 곁에 계셨으면 좋겠다. 언니 오빠들을 대신해서 나 혼자서 모두 들을 자신이 있건만, 어려서 한 번도 듣지 못했던 훈계를 다 감당할 수 있건만, 아버지는 지금 안 계신다. 나는 나의 아버지를 의인이라고 칭하고 싶다.

나의
삶의
기반

내가 느끼지 못한 아버지의 빈자리
는 고스란히 엄마의 몫이었다. 지지리도 가난한 집안에 7남매를 키우는 가
장의 역할이 오죽했겠는가?

"이 어린 막내를 우짜노." 하면서 우시던 모습이 기억난다. 아마도 내가
생각하기엔 그때부터 엄마가 독해지지 않았을까 생각된다. 엄마는 자상한
면보다는 강하고 독하며 무뚝뚝한 모습이 대부분이다. 그도 그럴 것이 시
골에서의 생계란 노동의 천국이었다. 독하게 마음먹지 않으면 견디기가 힘
이 든다. 이른 새벽 눈 뜨자마자 시작된 일은 잠자리에 들기 전까지 계속되
니 말이다. 해도 해도 끝이 없는 일이지만 자녀를 위해, 먹고 살기 위해 몸
이 힘든 것은 생각할 겨를도 없이 일한다.

돈 한 푼 나올 구석 없는 상황, 수확철인 가을에야 겨우 돈을 좀 만질 수
있었다. 그 부족한 돈은 늘 그때그때 계절에 따라나오는 야채와 산나물 등
을 오일장이 서는 날 팔아서 해결해야 했다. 그런 생계를 위해 몸부림쳐야
하는 상황에서 자식들을 향한 다정함은 거리가 멀었다. 그저 묵묵히 열심
히 일하는 모습에서 엄마의 역할을 배웠고, 하루도 쉬지 않고 일하는 것에
서 부지런함을 배웠다. 스스로를 비관하거나 자식들의 용기를 꺾는 일도

없었다. 그걸 일일이 설명하지도 않았지만 그렇게 행동으로 보여줬다.

봄이면 보자기 가득 산나물을 뜯어 와서 저녁이면 온 식구가 모여 나물을 가리고, 삶은 뒤 말렸다. 소나무를 꺾어 오면 풀피리 삼아 불 듯 수분을 빨아 먹는 것이 봄철에 맛볼 수 있는 훌륭한 간식이었다.

자식들은 각자의 역할분담이 있었다. 큰오빠는 마을이장을 맡았기에 마을의 행정적인 일을 하느라 집안일은 괄호 밖이었다. 오히려 손님이 자주 오니 밥을 해야 하는 일거리는 큰 올케의 몫이 되었고, 다른 언니 오빠들은 농사일을, 막내인 나는 주로 조카를 돌보는 일이 맡겨졌다. 큰조카가 태어났을 때는 서로 예뻐하느라 내겐 한번 안아볼 기회조차 없었는데, 둘째, 셋째는 초등학생인 내가 업어서 다 키웠다고 해도 과언이 아닐 정도이다. 학교 갔다 오면 바로 조카들 돌보는 게 내 일이었다. 동네 아이들과 어울려 놀 때도 난 조카를 업고 가야 했다.

겨울이면 산에 나무하러 가는 게 일과였다. 솔잎을 모으거나 잎 떨어진 나무들을 낫으로 베어 한 짐 가득 만들어 머리에 이고 오는 것이 매일매일의 일과였다. 조금이라도 더 가져오기 위해 내 덩치보다 큰 짐을 머리에 이고 산길을 따라 걸었다. 아슬아슬한 저수지 옆길을 내려올 때면 혹시라도 발을 헛디뎌 빠질까 봐 겁이 날 때도 잦았다.

또한, 마을 앞 도로변에 양조장이 있었다. 당시 우린 술도가라고 불렀다. 동네에서 유일하게 현금을 만지는 곳이 이곳과 작은 미니슈퍼였다. 점방이라고 불렀던 미니슈퍼에는 나름 있을 건 다 있었다. 하루 세 번 다니는 버스를 타기 위해 도롯가로 나와서 점방 안에 뭐가 있나 들여다보면 물건을 사지 않아도 뿌듯한 기분이 들었다.

발전기를 동원할 수 있는 술도가에는 우리 마을에서 유일하게 TV가 있었다. 저녁 연속극 시간이면 TV를 마루에 꺼내 놓았고 동네 사람들은 마당에 멍석을 깔고 앉아 작은 TV에 눈을 집중했다. KBS 드라마 〈여로〉였던 걸로 기억한다. 드라마 내용보다는 조그만 상자에서 사람이 나온다는 것이 신기해 어른들 틈에 끼어 구경 가곤 했다. 술도가에서는 고맙게도 〈여로〉를 하는 시간이면 마을 사람들을 위해 배려해주던 인심이 있었다. 마을 어귀까지 10분을 걸어가야 했지만, 그 시각엔 어김없이 사람들이 모였다.

다른 사람들이 연속극에 집중하는 동안 내 눈에 늘 들어오던 장면이 있었다. 현금을 만지는 집이라 방 안에 동전이 뒹굴어 다니는 거였다. 우린 소풍 가는 날이나 명절 때 친척들에 의해 겨우 현금을 손에 쥐어 볼 뿐 평소에 돈이라고는 소지할 수가 없었다. 초등학교 때 회비가 월 300원이었는데 그나마 못 내어 밀린 학생들은 담임선생님이 호명할 때마다 책상 밑으로 숨고 싶은 마음이 굴뚝같았고 그런 날은 집에 오자마자 엄마에게 화풀이가 돌아갔다. 그러면 엄마는 마을에선 돈이 모두 없는 걸 알기에 돈이 있을 만한 이웃마을까지 가서 빌려 오곤 했었다.

그런데 술도가에서는 우리가 구경조차 하기 힘든 돈이 방바닥에 여러 개 뒹굴고 그 집 아이들은 발에 돈이 채여도 본척만척하는 그런 상황이 너무 부러웠다. 우리 같으면 얼른 손을 뻗어 주머니에 넣을 것 같은데 그대로 두는 게 이해가 되질 않았다. 그 후로는 늘 생각했다. 술도가처럼 돈이 방바닥에 굴러다녀도 욕심내지 않을 정도로 돈을 만지고 살았으면 좋겠다고…. 그런 연유에서인지 난 가게에 물건 사고 남은 돈은 화장대 위나 책상 위 등 돈을 아무렇게나 잘 놔둔다. 그때의 부러웠던 기억 때문이다. 우리 집에도 역시 여러 날을 둬도 그 돈은 그 자리에 그냥 있다. 그때 술도가에서도 그런 거였을까? 연속극 때문이 아니라 방바닥에 뒹구는 돈 구경을 위해서 마을 나들이는 한동안 했었다.

그렇게 중학생이 되었다. 교복을 입는다는 사실에 들떠 있었지만 나는 언니의 교복을 물려받아야 했다. 그나마 불평할 수 없는 것이 중학교조차도 진학을 못하는 경우가 많았다. 여자들이 공부해서 뭐하냐는 거였다. 같은 마을 친구 6명 중 2명만이 중학교에 진학하는 거라 헌 교복 입는 것은 말할 거리가 되지 못했다. 빛바랜 교복이 싫어서 틈만 나면 울고 불고 투쟁한 끝에 2학년 때 가서야 비로소 새 교복으로 맞춰 입을 수 있었다.

코트가 없는 대신 추리닝 상의만 같은 색으로 맞춰 교복 위에 걸쳐 입는 게 유행이었는데 가격이 8천 원이었던 걸로 기억한다. 돈이 없는 거 뻔히 알면서도 철부지 투쟁은 또 시작되었다. 당시는 집안 잔치가 있거나 제사가 있을 경우 몇 날 며칠을 그 집에서 밥을 먹곤 했다. 그날도 아침을 먹고 등교하기 직전 친척들이 다 있는 타이밍을 노렸다. 추리닝 얘기를 꺼내자 엄마는 얼른 학교나 가라고 종용하였고, 기회가 이때란 걸 아는 나는 물러서지 않고 목소리를 높였다. '다른 친구들은 다 샀는데 나만 없다고….' 지금 생각하니 어지간히 엄마 마음을 아프게 했구나 싶다. 결국, 도시에 사는 고모가 돈을 주셨고, 나는 쾌재를 불렀다.

중3 때 담임선생님이 가정방문을 오셨다. 내게 인문계 진학을 권하기 위함이었다. 대학진학은 상상도 못하던 때라 고등학교도 보내주면 감지덕지했기에 인문계는 아예 생각을 해보지도 않았고 당연히 실업계 고등학교에 간다고 생각하던 터였다. 얼른 졸업하고 돈 벌어서 술도가처럼 돈을 방 이곳저곳에 두면서 살고 싶었다.

대학에 대한 꿈은 아예 없었다. 자신에 대한 진로를 고민하거나 꿈에 대한 구체적인 장면을 그려보지 않았기 때문이기도 했다. 상고를 졸업하면 은행에 취직할 수가 있었고, 은행이라면 돈을 원 없이 만져 볼 수라도 있으니 어서 돈을 많이 세어보기라도 했으면 하는 마음이 더 간절했다.

선생님은 고등학교만 집에서 시켜줄 수 있으면 대학은 아르바이트를 해서 충분히 다닐 수 있다며 먼저 가셨던 길을 알려주었지만, 당시 시골에선 대학 다니는 사람도 없었고 본인의 진로에 대해 본인이 선택할 수 있었던 시기도 아니었다. 소 한 마리 키워서 대학 보낸다 할 정도로 대학은 먼 나라의 이야기였다.

선생님의 간곡한 권유도 마다하고 결국 울산여상으로 유학을 오게 되었다. 당시엔 시골에서 도시로 가면 유학이라 불렀다. 갈래머리로 땋고 단정한 교복 입은 고등학생의 모습은 상상만 해도 즐거웠다.

등록금은 큰 오빠가, 교복과 용돈은 둘째 오빠가, 숙식은 둘째 언니네에서 하기로 하였다. 작은 오빠 월급날은 용돈 수금하러 가는 날이었다. 고등학교 졸업 후 첫 월급이 10만 원가량일 때 월 1만 원씩 받았으니 꽤 큰돈이었다. 3년을 꼬박 월급날만 되면 나타나는 시누이가 얼마나 미웠을까도 생각해본다. 하지만 그다지 눈치 안 주고 매월 꼬박 챙겨준 작은 오빠와 올케에게 지금에서야 감사의 마음을 전한다. 특히 내가 갈 때면 갈치를 포를 떠서 부침개를 해 주던 그 맛은 잊을 수가 없다. 남해 별미라고 했다.

시골집은 용돈이 떨어질 때만 갔다. 전화가 없어 연락을 못 하고 가니 나는 시골로, 엄마는 울산으로 때론 엇갈릴 때도 있었다. 집에 가서 엄마가 없으면 일단 찾아 나선다. 앞뒷집에 물어보기도 하고 아니면 거의 밭에 가는 경우가 대부분이라 마을 위 저수지에서 엄마를 크게 부르기도 한다. 저수지를 가운데 두고 양쪽 가장자리를 돌아 고속도로 넘어 밭이 있기 때문이다. 대답이 없으면 작정하고 두 곳 중 한쪽을 택하여 가보기도 했다. 좁은 길과 산모퉁이 돌 때와 고속도로 밑 굴다리를 지날 때면 누가 뒤에서 잡아당기는 듯한 무서움이 늘 있었다. 그렇게 건너간 밭에 공교롭게도 엄마가 있을 때도 있지만, 허탕칠 때도 있었다. 그럴 때면 또다시 굴다리를 혼자서 지나는 공포를 체험해야 했다.

집에서 그냥 기다리면 될 것을 왜 그리 무서움에 떨면서도 엄마를 찾아나섰는지…. 꼭 용돈이 필요해서 시골집에 간 것만은 아니었던 모양이다. 엄마는 그런 존재였다.

잔잔한 대화가 오가지 않아도, 정을 표현하지 않아도, 묵묵히 언제나 그 자리에 있어만 줘도 좋은 그런 자리가 엄마의 자리였다.

나의
첫
직장생활

고등학교 3학년 말쯤 첫 번째 취업추천을 받은 곳은 현대그룹이 1975년에 설립한 경일요트였다. 지금은 문을 닫았지만 염포바닷가 한 켠에 자리한 자그마한 회사였다. 첫 번째 면접에서 보기 좋게 낙방했다. 면접에 대한 대비도 전혀 없이 그냥 갔으니 떨어질 만도 했다. 실망도, 아쉬움도 없었다. 사람에게도 첫 이미지가 중요하듯이 면접 보러 간 회사의 첫 이미지가 창고 같은 건물에 책상이 놓여 있었고 유니폼을 입은 모습들이 낯설어 내가 상상하던 이미지가 아니라 좀 놀래기도 했다. TV에서 보던 넥타이에 정장을 입은 남자직원과 정장을 입은 여자직원들은 없고 작업복 같은 유니폼을 입은 모습은 여기가 본사가 아니라 '공장'이기 때문이라는 것을 나중에야 알았다.

얼마 뒤 두 번째 추천이 들어온 회사는 현대종합목재였다. 필기시험에서는 합격했지만 면접에서는 또 떨어졌다. 지난번과는 다르게 조금은 아쉬웠다. '왜 떨어졌을까?'를 생각해봤다. 이유를 알 수 없었다. 안타까웠지만 잊고 지내다 세 번째 추천을 받은 회사에서 기분 좋은 출발을 할 수 있었다.

직장은 큰 희망이었다. 드디어 나도 돈을 번다는 생각은 밤잠을 설치게 하였다. 매달 여기저기 용돈 받으러 다니지 않아도 되고, 내가 일한 대가를 받는다는 것이 나를 가슴 뛰게 하였다. 술도가에서 보던 부러웠던 풍경도 생각났다. 입사할 때 월급의 액수는 고려할 상황이 못 되었다. 돈을 만질 수 있다는 것이 좋았고, 매달 쫓기듯 부족하게 생활해 온 나로선 직장이란 내가 선택하는 것이 아니라 회사에서 나를 선택해주는 것이라고 믿었다.

발령받은 부서는 노무과였고, 노무과의 업무는 인사, 급여, 복리후생, 마을금고 등이었다. 그중 나의 담당은 복리후생파트로 의료보험업무와 복리후생비 예산 집행이었다.

당시 직장의료보험이 처음으로 실시된 때라 나의 직속상사인 대리도 과장도 의료보험에 대해선 몰라서 업무에 대해 누구든 조언해줄 사람이 없었다. 그룹 내 직장의료보험조합 본사가 서울에 있었고 본사의 담당직원과 유선으로 업무에 대한 내용을 주고받았다. 유선전화라도 마음대로 할 수 있는 형편이 못되었다. 시내전화일 경우 9번을 누른 후 걸었고, 시외일 경우 교환을 통해서 연결되었기 때문이었다. 시외전화 사용이 많으면 전화요금을 관리하는 관리과에서 통제가 들어오기도 했다. 그러니 꼭 필요한 통화가 아니면 전화조차 편하게 할 수 있는 시스템이 아니라서 의료보험법과 의료보험업무 관련자료를 찾아 파고들기 시작했다. 업무매뉴얼도 없었다. 사례가 발생하면 사례에 근거하여 유권해석이 내려지고 그 사례가 나의 업무매뉴얼이 되었다.

특히 장남이면 부모를 모시지 않아도 등재가 되었고 차남인 경우 6개월 이상 동거를 해야 하는 등 여러 가지 조건도 복잡했고 서류도 까다로웠다. 부정으로 등재하는 경우가 있어 의료보험 카드 검인을 6개월에 한 번씩 실시하였고 검인을 할 때마다 그룹 내 직장의료보험조합 부장이 서울에서 울산으로 출장을 왔다. 병원에서도 검인도장이 찍히지 않으면 의료보험 적용을 해주지 않았다.

의료보험료를 내지 않을 경우도 마찬가지여서 병원진료를 받으려면 반드시 보험카드를 소지해야 했다. 부모님과 동거하지 않을 경우 의료보험카드를 두 개씩 갖고 있는 직원들은 검인 때만 되면 부모님카드를 우편으로 받아 검인을 받고 다시 보내줘야 하는 번거로운 일들이 있었다. 만약 그 시기에 검인을 받지 못하면 본사로 보내어 다시 받는 기간이 일주일은 걸렸다. 그리고 또다시 부모님께 보내려면 1주일이 걸렸다.

지금은 전 국민 의료보험적용이 되는 시대라 카드 없이 병원에 가고 지역보험일 경우 장기체납자 아닌 이상 진료가 가능한 편리한 시대이지만 의료보험 카드 검인을 위해 소요되는 2주일 동안은 아프지도 말아야 하는 전설 같은 이야기가 있었던 시기였다.

검인하기 위해 본사의 부장이 울산에 왔을 때였다. 이때는 계열사 현장의 담당자 목소리를 들어주는 유일한 기회였다. 현장에서 업무를 보면서 애로사항이나 불편한 점, 불합리한 점 등을 이야기했더니 여직원이 어떻게 이리 많이 아느냐며 본사에 나의 얘기가 전달되었다.

'여직원'이 많이 아는 것도 그땐 이상했고, 업무를 잘 보는 것도 꼭 '여직원'이라는 수식어가 붙었다. 지금 생각해보면 '여직원'은 '직장의 꽃'으로 인식이 더 컸던 때였다.

커피는 당연히 여직원이 가져와야 했고 남자직원들이 자리에 앉아 있는 매일 아침 걸레를 들고 그 책상들을 닦았고 재떨이는 수시로 비워야 했다. 일주일에 한 번 대청소하는 날은 남자직원도 같이 청소했지만, 평소에는 여직원의 몫이었다. 과장의 책상 위엔 뚜껑 덮인 물컵이 있어야 했고 물도 수시로 채워줘야 했다.

지방의 회사 내 의료보험 담당자가 그 업무에 대해 그렇게 많이 알고 있는데 본사에 있는 직원들이 더 노력해야 한다는 피드백 때문에 본사 여직원들 사이에 '미스 한이 도대체 누구냐?'라며 시기와 질투 어린 말을 많이 들어야 했다. 덕분에 여직원은 아예 출장이 없었던 관례를 깨고 최초로 출장을 가게 되었다. 업무담당은 나였지만 서울 본사에서 일 년에 한 번 있는 담당자 세미나는 늘 업무와 상관없는 남자직원이 갔다.

지금 생각해보면 불합리한 일들이 너무도 많았다. 출발이 좋아 승승장구하기는 했지만, 기존 관행이나 틀을 깨기는 어려운 그런 분위기였다. 본사에서는 인정을 해줬지만, 공장의 사무실 분위기는 그렇지 못했다. 하다 못해 일주일에 한 번 있는 과 회의도 '여직원'은 전화를 받아야 한다는 이유로 참석하지 못했다.

직속상관인 대리의 성격이 너무 급해 스트레스를 많이 받았다. 자판기가 없어 손님이 오면 커피를 직접 끓여 대접해야 했다. 공교롭게도 여러 부서에서 한꺼번에 커피를 끓이러 오게 되면 순서를 기다려야 했고 물 끓이는 데 시간이 걸렸다. 급한 성격은 그때를 못 기다려 전화가 오고 불호령이 떨어졌다. 개인적인 성향을 여직원에게 그대로 드러내던 시절이라 당연히 그 꾸지람을 들어야 했고, 경우에 따라서는 탈의실에 가서 눈물을 훔칠 때도 있었다.

좌석배치도 마주 보게 앉는 일반적인 사무실 형태가 아니라 등을 보고 앉는 구조였다. 마주 보고 앉으면 잡담 등으로 업무효율이 떨어진다며 QC에서 나온 제안사항으로 전 부서가 그런 배치로 근무하고 있었다. 맨 앞자리에 여직원 그 뒤에 남자직원, 세 번째가 대리, 네 번째가 과장 이런 배열이었다. 우리는 일부러 고개를 돌려야 뒤를 볼 수 있지만, 뒤쪽에서는 앞자리 앉은 직원이 일하는지 노는 지 한눈에 볼 수 있는 어찌 보면 감시당하는 그런 구조였다.

일하다가 무심코 '미스 한'이라고 불렀을 때 빨리 대답을 하지 않아도 안 되고, 불렀을 때 자리에 없으면 바로 호출 전화가 왔다. 여직원들이 잘 가는 곳은 탕비실이나 탈의실이었다. 다른 부서 여직원들은 차 마시러 와서 좀 쉬었다 가기도 했지만 난 언제 불호령이 떨어질지 몰라 볼일만 보고 금방 달려가야 했다. 업무적으로는 너무나 인정하면서도 다른 사람의 인격을 전혀 배려하지 않는 것이 조직 생활이었다.

이후 옆 부서 마음씨 좋은 대리와 인사이동이 되었다. 속으로 '오! 예!'를 외쳤다. 나도 이제 탕비실에서 '차를 편안히 마실 수 있겠구나.' 싶었다. 그렇게 불안한 4년을 보내고 나니 몸에 밴 습관이 편안하게 두질 않았다. 구관이 명관이라고 이분은 또 이분 나름의 스타일이 있어 편치는 않았지만, 불호령의 불안은 없이 지낼 수 있었다. 하지만 당시는 결혼하면 회사를 관둬야 하는 분위기였고 나이가 들수록 눈치를 주었다.

'결혼 언제 할 거냐?'라는 질문은 결국 '언제 그만둘 거냐?'라는 질문과 같았다. 그들도, 여직원도 모두 월급을 받는 같은 처지인데 은연중 남자직원들의 갑질이 있었다. 그걸 보면서 난 절대로 오래 다니지 말아야겠다는 생각을 늘 하고 있었다.

성공적인
월급쟁이

1982년 2월 입사 첫 월급 기본급
이 96,000원이었고, 거기다 O/T 수당이 붙어 110,000원 정도를 받았다. 처
음으로 받는 월급이라 감개무량했다. 처음 입사했을 땐 섬유회사라서 다
른 회사보다 월급이 적었다. 퇴사할 무렵 회사이름이 바뀌면서 대우가 달
라졌다. 난 달라진 혜택을 받지 못한 상태에서 그만뒀지만, 후회는 없었다.
조직 내 분위기는 여직원이 남자직원과 대등한 입장이 되기는 어려웠으나
그 속에서 꾸준히 여직원의 입지를 높이고자 노력을 했다.

한번은 관리부 내 5개과 과장 이하 전 직원을 대상으로 회계교육과 시
험이 있었다. 각 부서에서 관련 경비 정산처리가 너무 미흡하다고 생각되
어 경리과에서 주도한 교육이었다. 비용 발생 건이 있으면 우선 품의서 결
재를 받고 시행 후 전표결재서류를 경리과로 넘기면 비용처리가 되었다.
모든 게 수작업으로 이루어지던 때라 결재 후에도 잘못 작성한 전표들 때
문에 다시 처리해야 하는 경우가 너무 많았다.

사무실 직원이라 하더라도 현장에서 장기로 성실하게 근무하다 발령을
받은 사례들로 실무와는 거리가 먼 사람들이 많았다. 그것은 우리 여직원
들을 너무 피곤하게 만드는 경우였다. 내가 결재를 맡기 위해 과장 결재 전

에 두 단계를 거쳐야 하는데 이 두 분이 실무를 모르는 경우가 대부분이었기 때문이다. 실무자는 나였고 중간라인은 도장만 찍는 케이스였다. 노무과는 사무실 외에 마을금고, 식당, 기숙사, 사택까지 관리해야 하기에 그분들은 사무실에 근무하는 시간보다 외근해야 하는 경우가 더 많았기에 굳이 실무를 익힐 필요가 없었고 형식적인 결재권자였다.

일부 과는 대졸 대리들도 있었고 경영학과 출신들도 있었기 때문에 시험결과는 기대하지도 않았는데, 지식과 실무는 달랐다. 시험결과는 내가 1등이었다. 학교 다닐 때는 초등학교 때를 빼고는 한 번도 1등을 해본 적이 없는데 이 회사에 와서는 하는 것마다 1등이었다.

입사 시 뭐든 잘하는 여직원이 되어버린 후 진짜로 하는 것마다 결과가 좋았다.

모든 문서는 수작업에 당시는 한자를 많이 썼기 때문에 사무실 직원이면 한자능력을 필요로 했다. 천자문으로 구성되어 각각의 글자에 파생된 단어들로 가득한 책을 일 년에 네 번 범위를 나누어 사무실 직원들을 대상으로 시험을 봤다. 고등학교 다닐 때 날마다 한자노트 한바닥씩 펜글씨로 3년을 꼬박 연습한 덕에 어렵게 느껴지지 않아 비교적 부담 없이 할 수 있었다. 60점 미만이면 재시험을 보기 때문에 재시험 보지 않으려고 학교 때보다 더 열심히 했다. 점수를 공개하지 않은 것만 해도 천만다행이었다.

QC 시험도 봤다. 회사 다니는 동안 업무 보는 시간보다 시험 준비를 하는 시간이 더 많았던 것 같다. 그래도 직원들의 역량강화 차원이니 즐겁게 해야 하는데 그땐 즐겁지 않았다. 시험이란 늘 부담이기 마련이다. 학교 다닐 때야 점수를 나만 알면 되지만 직장에서는 부서장이 알게 되고 부서별 성적을 내고 등수를 매기니 괴로울 수밖에 없었다. 교육 후 열심히 한 탓에 결과는 역시 상위권이었다. 이미 잘한다고 소문난 여직원이라 잘해야만 했다. 예전에 이만큼 공부했으면 얼마나 좋았을까 그랬으면 아마 은행 쪽으로 갔을 수도 있었겠다. 그 당시 은행으로 간 친구들은 지금 은행장이 된 친구들도 있고 높은 직책에 있는 친구들도 있다. 그때 좀 더 열심히 할 걸…. 후회란 누구에게나 있게 마련이다.

한번은 회사에서 내어준 승용차로 시내 볼일을 보러 나갔다. 일을 보러 차에서 내리는데 차 문을 열다가 바로 옆 차 문에 살짝 부딪쳤다. 옆의 차 주는 바로 내려 차를 살피기 시작했다. 다행히 아무런 표시는 없었다. 그런데 그분은 언성을 높였다.

'어디 여자가 건방지게 뒷좌석에 앉아 가지고 문을 함부로 여느냐!'라고 했다.

"죄송합니다."

일단은 죄송하다는 말을 하고 회사로 돌아오는 길에 아무리 생각해도 '여자가 뒷좌석에 앉으면 안 되는 이유'가 뭔지를 몰랐다. 기사도 아무런 말이 없었다. 물어보고 싶었지만 물어볼 수가 없었다. 얼굴이 화끈거렸다. 나중에 안 사실이지만 자가의 경우와 다른 사람이 운전할 경우 좌석의 위치에 따라 상석과 하석의 구분이 있다는 것을 알았다. 기사가 알려주기도 모호했을 것 같았다. 회사에서 내어준 차이고, 난 과장을 대신해 업무를 보러 가는 거라 당당하게, 당연한 듯이 상석인 뒷좌석에 앉은 것이었다. 상하석의 구분은 몰랐지만, 앞이 훤히 보이는 운전자 옆 좌석이 더 좋은 자리인 줄로 생각했다. 과장들도 개인승용차가 없이 회사버스로 다니던 때였고 승용차는 소위 좀 산다고 하는 사업가가 아니면 대중화가 되지 않았기 때문에 좌석에 대한 에티켓을 알지 못했다.

울산 MBC에서 〈직장대항 노래자랑〉이라는 프로그램을 주 1회 운영할 때였다. 물론 라디오 방송이었다. 1차는 직장 내에서 직원들끼리의 대항이었고 각 직장에서 입상한 4개 회사의 입상자끼리 월말대회를 치렀고, 월말대회 입상자끼리 연말결선대회까지 이어졌다.

회사에 그 방송프로그램이 유치되면서 각 부서에서 노래자랑에 출연할 사람을 추천받았는데 입사 첫 회식에서 노래마저도 잘하는 여직원이 되어버린 바람에 우리 과에서는 만장일치로 나를 추천했다. '큰일 났다.' 싶었다. 그때만 해도 대중 앞에 서면 두려움과 떨림이 있었던 나로서는 고민이 되었다. 안 한다고, 못 한다고 해도 막무가내였다. 그냥 밀어붙이기로 나를 명단에 올려버렸다. 어쩌면 노래자랑이 대중 앞에 서는 매력을 안겨준 최초의 사건이 아니었을까 싶다. 죽고 싶을 만큼 큰 고민이 되었으면 무조건 하지 않는다고 고사할 수도 있었던 일이었지만 두려움은 크면서도 '한번 해 볼까!' 하는 생각이 있었기에 가능했었으리라.

걱정과 고민은 그 이후부터 더 나를 압박해왔다. 노래곡목 선정이며 마이크를 한 번도 잡아본 경험이 없이 전 사원 앞에서 노래한다는 것이 나를 점점 더 불안으로 몰고 갔다. 참가자 명단이 회사 내에서 회람되고 응원의 목소리는 여기저기 나오는데 걱정 때문에 일도 손에 안 잡혀 고민 끝에 혼자 하는 것보다 둘이서 하면 의지가 되겠다는 생각으로 경리과에 근무하는 동기에게 같이 출전하자고 요청을 했다. 그 친구도 처음엔 사양하다가 내가 너무나 간곡하게 사정을 하니까 들어줬다. 한시름 덜었다. 입상의 유무를 떠나 어쨌든 그날을 때우고 보자는 생각이 앞섰다.

노래는 제1회 강변가요제 대상 수상곡인 홍삼트리오의 〈기도〉였다. 지금 와서 생각해보니 참 어이가 없었다. 남자들의 노래이기도 했지만 쉽게 부를 수 있는 곡이 아닌 어려운 곡을 겁 없이 선택했으니 말이다. 관리부에서 두 팀이 출전했는데 한 팀은 3명이 부르는데 그 팀은 정말 노래를 잘 불렀다. 우리 팀은 노래라고 할 수도 없을 정도로 부끄러운 실력이었다.

지금의 끼가 그때도 있었다면 트로트를 불러 실력보다는 분위기를 압도할 수는 있었겠지만, 그때는 그러지 못했다. 대회일 전에 관리부 부서장 앞에서 두 팀이 선을 보였다. 우리 팀 노래 후 연습을 좀 더 하라는 격려의 말이 있었다. 억지로 추천은 했지만, 우리보다 걱정이 더 되는 듯한 모습이 보였다.

드디어 노래자랑 대회 날이었다. 강당이 없었기에 사내식당을 무대로 만들어 전 사원이 한자리에 모였다. 총 10개 팀이 나왔다. 아나운서의 구수한 진행 속에 우리 차례가 되었고 노래를 불렀다. 어떻게 불렀는지는 기억에도 없다. 빨리 그 순간만 지나갔으면 좋겠다는 생각을 했으니까…. 그런데 결과는 동상이었다. 이 무슨 조화일까? 잘하는 노래도 절대로 아니고 그냥 흉내만 냈는데 동상이라니…. 회사에서는 난리가 났다. 3명이 노래를 부른 팀이 금상, 남자가 솔로로 부른 팀이 은상 그리고 우리가 동상이었다.

상을 받고 나서 진짜 내가 노래를 잘한 듯 착각이 들기도 했다. 사내에서 우쭐해졌다. 점심때 식당에 가면 모든 사원이 날 쳐다보는 것 같은 느낌도 들었다. 갑자기 유명해져 버린 느낌이었다. 그런데 진짜 큰일은 상을 받고 난 후부터였다. 월말대회에 출전해야 하기 때문이었다.

또다시 고민이 되었다. 얼른 대회만 마치기를 손꼽아 기다렸는데 그때부터가 시작이었다. 우리가 마지막 주에 했기 때문에 월말대회를 준비할 시간이 따로 없어 노래곡목도 그대로 가기로 했다. 월말대회는 사내대회보다 조금 더 무대 같은 무대였다. 그 당시 제일 큰 예식장에서 월말대회를 치렀다. 월말대회부터는 개인시상을 하지 않고 직장대항으로 시상을 했다. 결과는 은상이었다. 큰일이 났다. 갈수록 태산이었다. 연말대회는 더 큰 무대에 서게 되는데…. 회사에서도 그때부터 지원해 주기 시작했다. 노래연습을 하라고 가라오케를 보내주기도 하고(노래방이 없었던 때라서) 노래 연습하는 시간을 O/T로 인정해 주었다.

연말대회는 종하체육관에서 열렸는데 회사에서 응원부대가 차량 두 대로 나누어 타고 왔고, 현수막이 걸렸다. 사내대회와 월말대회를 거쳐 나온 쟁쟁한 팀들이라 예행연습을 하는데 굉장한 실력들이었다. 개인평가를 하지 않는 것에 희망을 걸었고 회사의 이름으로 나온 거라 의상도 회사유니폼으로 입었다. 결과는 은상이었다. 무대 오른쪽 스탠드에 가득 메운 회사사람들이 장내가 떠나갈 듯한 박수와 함성을 보내왔다. 부상으로 받은 컬러TV는 회사에 기증을 했다. 다음날부터는 회사 내에서 가수로 통했다.

첫 사내 대회를 얼떨결에 출전하게 된 것이 종하체육관이라는 큰 무대에 서게 될 줄이야…. 큰 무대 경험으로 나는 점점 더 연예인화되어 가고 있었다.

두려움의
극복

　　　　　　　회사에 다니는 동안 로타렉트라는 단체에 가입하게 되었다. 봉사단체인 국제 로타리클럽 산하 조직으로 고등학생은 인터렉트, 대학생들은 로타렉트라는 이름으로 운영되었다. 고등학교 때 인터렉트 활동을 1년 동안 했었고, 로타렉트는 원래 대학생 조직인데 우린 예외로 대학생이 아닌 사람들로 구성되었으며 우리가 창립멤버였다. 조직구성부터 모든 지원을 로타리 클럽에서 해주었기 때문에 운영에 어려움은 없었다. 회원들을 모으고 창립준비를 하면서 초대 총무를 맡게 되었다. 그런데 할 일 많은 총무의 역할은 문제가 되지 않았지만, 각종 행사 시 사회를 봐야 하는 것이 문제였다. 두 번째로 큰 무대 마이크를 잡게 되는 셈이었다.

　　창립행사는 스폰서인 로타리클럽 회원들이 대부분 참석하고 우리회원들을 비롯하여 100여 명이 되는 행사였다. 1부 사회라 해 봤자 순서대로 읽기만 하면 되는 정도였지만 그것도 쉽지 않았다. 또 걱정이 되었다. 노래자랑을 끝으로 불안한 순간이 다 끝났나 했더니 또 시작되었다. 이건 총무를 수락하고 나서 안 일이었다. 미리 알았으면 총무를 맡지 않았을 수도 있었다. 까짓것 해보자.

'연습만이 살 길이다.'라는 생각으로 멘트를 적은 다음 계속 반복해서 연습했다.

"지금부터 동울산 로타렉트 클럽 창립총회를 시작하겠습니다."

수도 없이 읽고 또 읽었다 단순한 멘트인데도 계속 말이 꼬였다. 연습하는 걸 본 스폰서 클럽회원이 사회 보는 방법에 대해 개인지도를 해주었다. 존칭은 어떻게 쓰고, 내빈소개는 어떻게 하는지 등 그렇게 연습했음에도 행사 당일 떨렸다. 실수의 기억은 나지 않지만 분명 실수를 했던 것 같다.

그 후로도 월례회 때면 클럽회관에서 우리 회원들만 있는 가운데 매월 진행을 했고, 연중 크고 작은 행사에 사회를 맡으면서 두려움을 극복해 나갔다. 만약 대중 앞에 서는 두려움을 그때 극복하지 못했다면 지금도 그 두려움을 안고 있을지도 모르겠다. 떨림은 쉽사리 나를 떠나지 않았다. 노래를 부를 때면 순서가 다가올 때까지 떨렸고, 각종 모임에서 자기소개를 하게 되면 맘속으로 멘트를 외워도 떨려서 다 얘기하지 못했다.

영화 〈명량〉에서 이순신은 큰아들 회와 군량미가 부족한 병영에서 흰죽 소반으로 저녁을 먹으며 나누는 대화다.

"지금 독버섯처럼 퍼져있는 두려움이 문제다. 만일 그 두려움을 용기로 바꿀 수만 있다면, 그 용기는 백배 천배, 큰 용기로 증폭되어 나타날 것이다."

"허나 아버님…. 극한의 두려움에 빠져있는 저들의 마음을 그런 용기로 바꿀 수 있는 방도가 있는지요?"

"없다…. 다만…. 그 두려움을 이용할 수는 있을 것이다."

"그 군사들과 백성들이 두려움에 빠져 자신들의 살길만 찾고 있는데도 가능한 일일까요?"

결국, 이순신은 백성들의 두려움을 이용하여 두려움을 용기로 바꾸는 데 성공했다. 12척의 배로 330척의 왜선을 상대해야 하는 불가능한 전투를 회피하고 육지로 도망치려는 부하들을 바닷가에 모아놓고 병영을 불태워 버린 것이다.

"육지라고 안전할 것 같더냐, 더 이상 살 곳도 물러설 곳도 없다!
나는 바다에서 죽기 위해 이곳을 불태운다!
이제 우리에겐 돌아갈 곳도 살 곳도 없다! 우리가 죽을 곳은 바다뿐이다!
목숨에 기대지 마라. 죽기를 작정하면 반드시 살 것이고, 살고자 애쓰면 반드시 죽을 것이다!"

바다가 소용돌이치면서 울음소리를 내는 울돌목의 엄청난 물살 속에서 도저히 승산이 없어 보이는 불가능한 전투에서 두려움에 빠져 뒷걸음치는 군사들의 선봉에 서서 그들의 용기를 끌어내어 기어이 이겨내는 이순신을 보고 왜장이 독백을 한다.

"과연… 과연… 저것이… 저자가… 미리 계획한 전술이었을까?"

전투가 끝난 후 이순신에게 큰아들이 같은 질문을 했을 때 이순신은 독백처럼 대답한다.

"천행이었지… 그것은 천행이었다….'

자신 있게 사는 사람은 자신의 인생을 바꿀 수 있지만, 용감한 사람은 세상을 바꾼다고 했다. 나는 내 인생을 바꾸기 위한 노력을 하였고, 이순신은 세상을 바꾸기 위한 노력을 하였으리라. 위기가 커질수록 용기란 더 커지는 법이다. 회사에 입사하면서부터 생겨난 자신감은 나에게 열정을 끄집어내어 주었고 그 열정은 나를 인정해준 사람들에 대한 사명감으로 보답해나가고 있었다. 노래자랑에 나가는 것도 나에겐 커다란 위기였고, 큰 행사의 사회를 보는 것도 내겐 아주 큰 위기였다. 그때마다 감히 열정이라는 이름으로 나 자신을 조종해 나갔다. 나도 모르는 사이에 나는 열정녀가 되어가고 있었다.

평범한 사람들은 자신이 해보지 않은 일에 대하여 두려움을 많이 가지고 있다. 이순신이 부하들에게서 용기를 끌어낸 것은 자신에 대한 강한 신뢰감과 강인한 도전정신이 바탕이 되었다. 난 아마도 다른 사람에게서 인정받기 시작하면서 해보지 않은 일이었지만 두려움을 안고서도 계속 도전할 수 있는 용기가 생겨났을 것이다.

행사를 하기 전에는 두려움이 있었지만 행사 당일 박수를 받고 다른 사람의 주목을 받는 것은 매우 큰 매력이었다. 특히나 평소에 입지 못하는 한복을 입고 머리 손질도 하고 꽤 멋을 부린 다음 행사장에 서면 연예인이라도 된 듯한 기분이었다. 회장은 능변가였다. 키도 크고 예쁘기도 했지만 내가 제일 부러운 것은 어찌 떨지 않고 말을 저렇게 잘할 수 있을까? 하는 거였다. 그 부러움이 나도 저렇게 되고 싶다는 한 가닥 희망으로 단순한 멘트였지만 능숙해지고 싶은 욕심이 어느 틈엔가 자리 잡기 시작했다. 해를 거듭할수록 속으로 떨림은 여전했지만, 두려움은 조금씩 나를 벗어나는 느낌이었다.

초대총무를 시작으로 그 이듬해는 회장을 맡았다. 회장은 말을 해야 할 기회가 더 많아졌다. 스폰서 클럽 행사에 초대를 받아가도 단상에서 인사를 할 기회가 주어졌고, 당시 부산, 울산, 경남의 각종 행사에 다 초대되어 다녔기에 같은 멘트의 인사를 무한 반복해서 사용할 수 있는 연습의 기회가 주어졌다. 그건 내게 소중한 연습의 기회였다. 작은 무대가 아닌 큰 무대에서 단순 인사말이지만 반복할 수 있었다는 것이 지금 생각해도 큰 행운이었던 것 같다.

강사들에게 이야기한다. 강의를 잘하고 못하고를 떠나서 우선은 대중 앞에 섰을 때 두려움이나 떨림이 없어야 한다고 말을 한다. 그것을 극복하는 것이 강사가 되기 위한 첫걸음이다. 강사과정에서 자기소개를 시키면 몇몇 강사를 제외하고는 대부분 떨린다는 표현을 한다. 당연하다. 나도 그랬으니까. 그런 과정을 극복하지 못하고 포기해버리는 때도 있다. 강사가 두려움을 극복하는 방법은 대중 앞에 많이 서봐야 한다. 설 수 있는 대중이 없다고 하는 것은 핑계다.

우리 주위엔 크고 작은 많은 무대가 있다. 한두 사람 앞에라도 서면 그것이 무대다. 무대인 양 강사는 얘기할 수 있어야 한다. 사람이 많으면 많을수록 더 좋다. 경험이 없는데 어찌 큰 무대를 바라는가. 내가 서는 자리가 어디든 그것이 무대라고 생각하면 된다. 마음만 먹으면 무대는 널려 있다. 멘트 또한 준비되면 더 좋다. 즉석에서 말을 잘할 수 없다면 말이다.

여자는 약하다
VS
엄마는 강하다

엄마는 참으로 부지런했다. 항상 새벽 첫닭 울음소리에 맞춰 일어나서 여름이나 겨울이나 변함없이 찬물로 세수한 뒤 기도를 하셨다. 작은 상위에는 촛불과 정화수 한 그릇이 전부였다.

기도의 시작은 천수경 일부였다. 그걸 다 외우고 나면 그때부터 본격적인 기도에 들어갔다. 맨 처음 부산에 사는 큰아들 누구 잘되게 해주시고⋯. 7남매를 차례로 이름을 불러가며 잘되게, 아무 일 없이 해달라고 매일매일 빌고 비셨다. 단 하루도 거르는 날을 보지 못했다. 기도가 끝나고 나면 부엌으로 나가 밥을 준비하고 엄마의 고단한 일과가 시작되었다.

인간의 뇌는 현실과 상상을 구분하지 못한다고 했던가? 날이면 날마다 잘되게 해달라고 기도하고 잘되는 상상으로 하루를 시작하신 엄마였다. 피곤한 일상에도 피곤을 내색하지 않았고 새벽 꿀잠을 포기하고 누가 시키지도 않은 기도를 하는 힘은 어디서 나오는 것이었을까? 잠결에 매일 들으면서 드는 생각이었다. 미처 잠이 깨지 않은 우리에겐 달콤한 자장가이기도 했다.

중학생 무렵 언니 오빠들도 모두 부산으로 나갔고 시골집은 엄마와 나만 살고 있었다. 가끔 큰오빠가 찾아올 때면 그때마다 엄마와 말다툼이 일어났다. 자식 이기는 부모 없다고 했던가? 엄마의 언성이 더 높은가 싶었지만, 큰오빠가 한 번씩 왔다 갈 때마다 우리의 논밭은 하나씩 팔려나갔다. 돈 때문에 왔다는 걸 알았고, 돈 때문에 엄마와 큰오빠의 말다툼이 계속되었다. 그렇게 하나씩 팔려나간 논밭에 결국 집까지 팔아야 했다. 그때 엄마의 설움과 한에 찬 통곡에 가까운 목소리를 기억한다.

결국, 엄마와 난 도시도 아닌 시골에서 남의집살이하게 되었다. 우리 집을 산 사람이 주인이 되었으니 우린 옆방으로 방 한 칸에 살게 되었다. 그런 조건으로 집을 팔았다.

집 주위에 감나무가 일곱 그루가 있었지만 떨어지는 감조차 맘대로 먹을 수가 없었다. 200평이나 되는 마당 앞엔 텃밭이 있었지만 맘대로 우리가 사용할 수가 없었다.

1년 전 마을 앞 강가에 삼환건설이 공사차 들어오면서 우리 집의 방 두 개를 세를 주었다. 그들은 6개월가량 공사차 와 있었기에 방 한 칸씩에 쭉 담에 나무기둥을 박고 비닐로 둘러 비가 들어오지 않게 간이부엌을 만들었고 가스버너로 방에 불을 지폈다. 돈이 나올 구멍이 없는 시골에서 방 두 개를 월세로 받으니 소소한 수입이 되었다. 그렇게 만들었던 부엌을 우리가 큰집을 내어주고 사용하게 될 줄이야….

지금은 가슴이 답답하지만, 그땐 작은 방이 더 좋았고, 엄마랑 둘이만 넓은 집에 덩그러니 지내다가 다른 사람이 있다는 것이 좋았다. 시골은 저녁만 되면 왜 그리 무섭던지…. 집에 사람이 있으니 무섭지 않아 좋다는 생각을 오히려 했었다. 중학생이었지만 여전히 철이 없었다. 소유의 의미를 몰랐다. 주인이 누구든 그게 뭘 의미하는지도 몰랐다. 그런데 엄마는 달랐다. 늘 서러움에 차 있었다. 아버지가 일찍 돌아가신 원망도 있었다. 큰 오빠에 대한 원망도 있었다.

엄마는 무남독녀 외동딸이었다. 외삼촌이 한 분 계셨지만, 일본에 가신 후 소식이 끊겼다고 했다. 그러니 외할머니는 늘 홀로 지내야 했다. 경상남 북도 경계지점인 봉계마을을 지나 활천마을이 외가동네이다. 우리 마을에 서 20리도 더 되는 거리였다.

혼자 계시는 외할머니를 위해 우리 형제 7남매는 당번제로 외할머니댁 에 가야 했다. 가서 일정 기간씩 의무적으로 머물다 오곤 했다. 큰오빠와 큰 언니는 외할머니댁에 머물면서 초등학교를 아예 외할머니동네의 학교 에 다녔다.

우리가 못 가는 날은 마을 사람들이 교대로 외할머니를 돌봐줬다. 외가 에 가면 좋은 점은 먹을 것이 많았다. 한번은 내가 외가에 갈 차례가 되어 갔었는데 외손녀 오면 준다고 아껴둔 사과를 옷장에서 꺼내 먹으라고 주 셨다. 과일이 귀했던 터라 얼른 받아서 한입 먹었는데 바로 뱉고 말았다. 옷장에 나프탈렌을 넣어 두었기 때문에 사과에 나프탈렌 냄새가 배어 도 저히 먹을 수가 없었다. 외할머니는 그게 섭섭하여 늙은이가 주는 거라 안 먹는다며 서운해하셨다. 아무리 설명을 해도 외할머니는 받아들이지 않았 고 한동안 외할머니의 섭섭함은 계속되었다. 웬만하면 먹겠는데 역겨움에 도저히 먹을 수가 없었다. 손녀 오면 줄 거라고 잘 숨겨둔다는 것이 그만 옷장 속에 보관한 것이었다.

외할머니가 돌아가시기 직전 일 년가량을 엄마는 저녁마다 외할머니 댁에 갔다. 옛날 집이라 마당에서 쪽담까지도 높았고 거기서 댓돌을 하나 놓고도 방문턱까지 높아 행여 외할머니가 밤에 밖으로 나오다 넘어지실 까 봐 걱정되어 날마다 가는 거였다. 어떤 날은 몸이 피곤해 자다가도 벌떡 일어나서 가기도 했고, 어떤 날은 '안됐다.'라는 표현을 쓰시며 나보고 같이 가자고도 했다. '안됐다.'라는 표현은 무섭거나 혹은 좀 나서기가 내키지 않아서였던 것 같다. 한번 그렇게 따라간 적이 있는 나로선 길이 멀기도 했지만, 산길을 끼고 가야 하니 무서웠다. 그 무서움이 싫었다. 그래서 난 안 가겠다고 우겼다. 이 어린 내가 무슨 의지가 된다고 같이 가자고 하셨을까? 몇 번 부탁을 하다 내가 한사코 안 가겠다고 하면 엄마 혼자서 먼 길을 나섰다. 그렇게 저녁에 가서 외할머니와 자고 아침 챙겨 드리고 내가 일어날 때쯤 부엌에서 밥하는 소리가 들렸다.

대단한 엄마셨다. 엄마는 대장부였다. 낮에 죽으라 일을 하고, 밤에 또 그 먼 거리를 가서 외할머니와 자고 아침에 다시 밥해주러 오시다니…. 엄마가 아니고는 도저히 해내지 못할 일이다. 큰오빠가 집을 팔아 갈 땐 여자로 울었지만, 밤새 외할머니를 챙기시고 새벽을 달려올 때는 어김없는 강한 엄마였다.

그렇게 일 년 정도를 왕래하다 외할머니가 돌아가시고는 엄마의 그 힘든 여정이 끝이 났다. 난 과연 저럴 수 있을까. 그 사실을 중학교 때 가정 방문 온 선생님이 알게 되었다. 졸업식 날 효행상을 탔다. 효는 엄마가 행했는데 상은 내가 받은 셈이었다. 그 상은 내 상이 아니었다. 강한 엄마가 받아야 할 상이었다.

곁방살이를 일 년 정도 한 후 엄마가 처음 신혼살림을 했었던 집을 사서 이사를 했다. 중3 말쯤이었다. 방은 두 칸이 전부였고 우물도 없는 산 밑에 있는 집이었다. 이 집에 비하면 그전 살던 집은 대궐이었다. 집 앞에는 깨양나무 한그루와 오동나무 한그루가 전부였다. 집 뒤쪽에는 장독대만 있었다. 엄마는 좋아했지만 나는 별로였다. 마을 제일 위쪽이라 마을 밖으로 나가려면 많이 걸어야 했고 방도 코딱지만 했다. 동네엔 우물이 없는 집이 많아 우리 집 뒤 공동 우물가엔 저녁나절이면 물 길어 오는 사람들이 많았는데 우리가 그 입장이 되어 버렸다. 양동이에 물을 담아 머리에 이고 하루에 몇 차례씩 나르는 건 고역이었다.

엄마가 돌아가시기 6개월 전부터 치매가 왔다. 치매의 증상은 아주 다양한데 우리 엄마의 경우는 자꾸 밖으로 나가시는 거였다. 그땐 큰 오빠네서 살고 있었는데 집 밖을 자꾸만 나가니 큰일이었다. 문을 잠가 놓을 수도 없고 몇 번 집을 나가 찾느라 혼이 난 다음 오빠들이 의논하여 요양원에 모시기로 했다. 가정집 같은 곳에 엄마와 같은 거동이 가능한 10명 정도의 환자들이 있었다. 엄마가 외할머니를 지극정성으로 돌보았는데 난 그렇게 하지 못하는 게 안타까웠다. 가끔 병문안 가는 게 전부였다. 엄마가 달라진 게 있다면 돈을 모른다는 거였다. 내가 막내딸이란 것도 알았다. 치매가 오기 전 그렇게 돈 욕심을 내더니 치매가 오고 나서는 돈을 드려도 받을 생각을 하지 않았다.

그러던 엄마가 갑자기 돌아가셨다. 자식들이 오는지 본다고 창문틀에 올라가다 넘어지셨다고 한다. 엄마는 부산영락원에 모셔졌고, 당시 막대오빠가 하던 일이 잘 안되어 한동안 가족들과 연락을 끊고 지냈었다. 큰오빠는 죄인처럼 우리 형제들을 모두 모아놓고 "동생들아 미안하다."라며 말을 꺼냈다. 백방으로 수소문해봤지만 막내오빠에게 연락이 닿지 못했다며 미안해했다. 난 엄마와 싸우는 큰오빠가 늘 미웠지만 한 번도 내색해본 적이 없었다. 다른 언니 오빠들도 마찬가지였다. 우리 형제 중 그 누구도 큰오빠에게 대들거나 탓을 하지도 않았다.

아버지가 돌아가신 후 큰오빠는 우리 집에서 절대 권력가였고 큰오빠의 말은 곧 법이었다. 그러던 오빠였기에 우린 그저 무슨 얘기든 오빠가 하는 대로 가만 있어 왔다. 그런데 기적이 일어났다. 발인을 하루 앞둔 저녁 그렇게 연락이 되지 않던 막내오빠가 장례식장에 나타난 것이었다. 우린 모두 깜짝 놀랐고 자초지종을 물었더니 간밤에 꿈을 꿨다고 했다.

소등에 닭을 태우고 통도사로 들어가는 꿈이었다고 했다. 엄마는 닭띠였고 소는 조상을 뜻한다고 하던가. 엄마는 평소 통도사에 다녔다. 여든이 넘은 연세에도 통도사에 갈 때만큼은 펄펄 날아다니셨다. 꿈이 이상하다 싶어 전화해서 알게 되었다고 했다. 소름이 돋았다. 그렇게 연락이 되지 않더니 엄마는 돌아가시면서도 자식에게 한을 남기지 않으려 기적을 만들었다. 엄마는 돌아가셨어도 엄마였다. 엄마는 역시 강했다.

나는
누구인가?

사람은 누구나 자신이 누구인지를 한 번쯤 생각하고 본인의 정체성을 찾고자 노력한다. 자신에 대한 정확한 인식이 없이 고등학교 3년을 보냈다. 내가 누구인지? 뭘 좋아하는지? 뭘 하고 싶은지? 뭘 잘할 수 있는지? 전혀 생각해보지도 않고 그냥 시간이 흘러가는 대로 지내왔다. 고등학교 진학 때까지는 대학에 관한 관심이 전혀 없었다. 그런데 고등학교 졸업할 때쯤 나도 대학에 가고 싶어졌다. 내가 다닌 울산여상은 실업계 고등학교였지만 진학반이 있었고 당시 인문계 고등학교보다 대학 진학률이 더 높았다.

우리는 날마다 주판을 튕기며 '떨고 넣기를… 1원이요 2원이요.' 할 동안 그들은 우아하게 책을 들고 교내를 다녔다. 왼손으로 전표를 넘기며 주산급수를 따기 위해 손가락이 아프도록 주산 연습을 할 동안 그들은 영어사전을 폈다. 주산과 부기는 혼자서 할 수 있었지만 타자는 상황이 달랐다. 타자급수는 연습이 되어야 하는데 타자수업이 일주일에 두 번 정도밖에 없어 타자급수를 따기 위해서는 할 수 없이 타자학원에 다녀야 했다. 그렇게 연습해 타자급수를 땄고 학교에서 취업을 위한 충족 급수를 모두 채웠다. 금융권 추천은 못 받았지만, 대기업 추천을 세 번이나 받았고 세 번째

받은 회사에 취직했다.

　대학이라는 곳을 나의 미래에 대한 뚜렷한 목표가 있어서라기보다는 그냥 남들이 가니 나도 가고 싶었다. 그래서 결심했다. 내게 500만 원만 있다면 대학에 갈 텐데…. '그래 좋다', '회사에 가서 500만 원을 벌면 그때 대학에 가자.' 그런 결심으로 회사에 다녔다. 적어도 500만 원이라는 목표가 내겐 대학진학보다 더 크게 자리 잡게 되었다.

　돈을 벌기 전엔 월급을 받으면 그 돈을 모두 저축할 수도 있겠다는 생각을 했는데 막상 벌고 보니 내가 번 돈으로 생활해야 하니 사정이 달라졌다. 하지만 당시 이율이 제일 높았던 재형저축에 가입하여 월 5만 원씩, 월급의 절반을 저축했다.

　생활은 남은 돈과 상여금으로 충당했다. 내가 돈을 버니 넉넉하지는 않았지만, 돈에 좇기지는 않았다. 술도가처럼 돈을 여기저기 놓아둘 처지는 안 되었지만 내 수중에 돈이 있다는 것만 해도 든든했다.

　몇 년 후 적금 만기와 그동안 모든 돈을 합해보니 내가 목표했던 500만 원이 되었다. 500만 원이 되면 만사 제쳐두고 대학에 갈 거라고 했었는데 막상 돈이 확보되고 나니 만약 내가 공부를 하게 되면 그 이후의 생활이 걱정되었다. 또다시 언니 집에서 신세를 져야 하는 것도 미안했다. 그리고 생활비 해결 부분도 자신이 없었다. 직장생활의 안정적인 편안함에 젖어 그대로 안주하고 싶어졌다. 같은 부서 내 언니는 대학진학을 위해 공부하고 있었고 결국 회사를 그만두고 대학에 갔다. 자극은 되었지만 새로운 도전에 자신이 없었다. 여자들은 결혼하기 전까지만 직장생활을 한다는 생각들이 지배적이었기에 자기 자신을 위한 목표설정이나 도전 등은 극히 드물었다. 나를 위한 구체적인 목표가 서지 않았다는 것이 500만 원의 달성에도 행동의 변화를 주지 못했다.

1988년 2월 어느 날 아침이었다. 회사 차량으로 막 도착하는 나를 기다렸다는 듯이 대리가 불렀다.

"오늘 미스 S 졸업식인데 미스 한이 좀 갔다 와."
"예?"
"졸업식 좀 갔다 오라고?"

순간 난 농담을 하는 줄 알았다

"난 안 갑니다."
"날씨도 추운데 옷도 얇게 입고 왔고, 아무튼 난 안 갑니다."

그러고는 탈의실로 와 버렸다. 못 가는 게 아니라 안 간다고 말해버렸다. 어이가 없었다. 평소 여직원을 깡그리 무시하고 회식도 경우에 따라서는 빼고 가기도 하고, 출장은 아예 여직원을 배제시키면서(의료보험본사 출장은 여직원의 첫 출장이자 마지막 출장) 자기들끼리 바쁘다고 서로 미루다 여직원인 나를 보내기로 결정한 모양이었다.

그럴 거면 하루 전에라도 이야기해서 갈 수밖에 없는 사정이라고 하던가? 그랬으면 옷이라도 두껍게 입고 왔을 텐데 졸업식 날은 어김없이 춥기도 춥지만, 친구 졸업식 가서 지금까지 느껴보지 못했던 엄청난 추위로 고통을 경험한 후론 졸업식 = 고통이라는 등식이 성립할 정도의 트라우마가 있는 나로서는 졸업식 말만 들어도 겁이 났다. 그날 따라 옷도 얇게 입고 왔고 평소에 절대로 여직원들을 보내는 경우가 없었으니까 그날도 으레 농담인 줄 알았다.

결국은 다른 남자직원이 갔고 대리의 명령을 거역한 대가로 나는 사직을 선택해야만 했다. 그날 오후 회의실로 나를 부르더니 고함부터 질렀다.

"여직원이 시키면 시키는 대로 할 것이지."
"뭐가 말이 많아."

내가 갈 수밖에 없는 상황 설명을 들을 줄 알았는데 그게 아니었다. 대리로부터 분풀이 야단을 실컷 맞은 뒤 나는 넋이 나간 형상으로 탈의실로 향했다.
눈물이 폭포수처럼 쏟아졌다.

내가 뭘 잘못했길래…. 정당하게 요구하지 않은 상사의 말을 거역한 것이 이렇게 분풀이 대상이 되어야 하나? 오후 내내 나의 눈물은 멈추질 않았다. 사무실에 잠깐 자리에 와서 앉았다가도 이내 쏟아지는 눈물 때문에 그날은 거의 탈의실에서 보냈다.
집에 가서도 울었다. 이틀 뒤가 설날이었다. 설날이면 언니네는 시댁으로, 나는 부산 큰오빠네로 갔는데 설날에 집에도 가지 않고 사흘을 울었다. 억울했다. 눈물이 계속 나왔다. 살면서 그동안 울고 싶어도 울지 못했던 설움까지 엎쳐서 한꺼번에 쏟아냈다. 언니가 왜 집에 안 가느냐고 물었지만, 대답도 하지 않았다. 며칠 동안 나의 말문은 닫히고 눈물은 걷잡을 수 없이 쏟아졌다. 열심히 일한 대가가 이런 것인가 싶었다. 결국, 내게도 나이가 드니 눈치를 주는구나 싶기도 했다.

결심했다. 회사를 관둘 때가 되었구나 싶었다. 막상 관두려도 하니 뭘 어떻게 해야 할지 몰랐다. 천천히 생각하며 주위를 살폈다. 당시 여상졸업생들이 주산학원을 많이 하고 있었고 주산학원이 꽤 호황을 누리고 있다는 것을 알게 되었다. 그런데 새로 차리려면 경험도 부족하고 돈도 부족해서 인수하는 쪽으로 결정했다. 몇 군데를 살펴보던 중 살고 있는 동네에 친구가 하던 학원을 인수하게 되었다. 1988년 5월, 6년 7개월의 회사생활을 끝으로 나는 CEO가 되었다.

결국, 나의 목표보다는 다른 사람의 자극으로 인해, 떠밀려서 행동의 변화를 가져온 셈이었다. 여전히 나는 나로 살기보다는 다른 사람에 의해 행동하는 지극히 소극적인 사람이었다.

주부대학에 강의 갔을 때이다. '내가 누구인지? 나는 어떤 사람이 되고 싶은지? 어떻게 살고 싶은지?'를 간단히 글로 써보게 했다. 종이를 받아들자마자 자신 있게, 명쾌하게 쓰는 사람이 있는가 하면 두 손을 책상 아래 내리고 가만히 있는 분이 계셨다. 뭔가 간절한 도움을 기다리는 듯한 눈빛으로 강사인 나와 눈이 마주쳤다.

"왜 가만히 계세요?"
"아무것도 생각이 안 나요."

그렇다. 늘 누구의 엄마로, 누구의 아내로 살아온 시간들이 더 길었기에 정작 본인을 위한 글을 쓰라면 못 쓰는 경우가 대부분이다. 아주 간단한 질문임에도 말이다.

"뭘 써야 할지 모르겠어요."
"아무것도 못 쓰겠어요."

어쩜 아무것도 생각이 안 날 수도 있다. 주부이자 아내가 자신인 줄로만 알고 살아왔기 때문이다. 정확히 표현하면 그건 자신이 아니다. 자신을 표현하는 것도 늘 표현하던 사람이 잘한다. 그분은 엄마로서는 당당히 역할을 다 해오다 이제 사회 첫발을 내미는 초년생처럼 처음으로 평생학습의 장에 발을 내디딘 분이었다. 끝내 그분은 아무것도 쓰지 않았다.

직장생활 6년 7개월을 했지만, 직장 내에서 뭐든 잘하는 여직원이 '미스 한'이었다면 그 속에 정작 나 자신은 없었다. '미스 한'은 회사 내 조직의 구성원이었을 뿐이다. 결국, 나의 반발은 감사하게도 직장 상사에 의해 '미스 한'이 아닌 '한경옥'으로 거듭 태어나는 순간이 된 셈이었다.

나는 누구인가? 지금은 '나는 강사다'라고 당당히 말한다.

03

힘들었던
시간들

학원을
경영하다

회사생활 6년 7개월 그동안 모은 돈과 퇴직금을 투자하여 주산학원을 인수받았다. 편안함에 젖어 있던 내가 새로운 세계로 입문했다. 경험도 노하우도 없이 말이다. 어디서 그런 결심이 나왔을까? 직장상사에게 억울한 호통을 당하고 3개월의 고민과 준비 끝에 내린 결정이었다. 몇몇 학원들을 방문해봤다. 행사진행의 두려움만 겨우 극복한 내가 경영자로서 갈 수 있을지 또 다른 두려움이 엄습해왔다. 그러나 이미 물은 엎질러졌고 부딪혀 나가야 했다. 같은 동네에 위치한 주산학원이었다.

강사가 한 명 있었고 당시 학교는 인원이 많아 저학년은 오전 오후반이 있었기에 학원수업도 학교수업에 맞춰 오전 오후로 나누어 했다. 오전에 출근했지만, 강사가 다 알아서 수업을 하고 난 사무실에 앉아 분위기 파악만 하고 있었다.

전화벨이 울릴 때면 겁이 났다. 학생들 파악도 못 했고 전혀 다른 업무에 익숙해 있던 나로서는 학부모상담이 제일 걱정이었다. 그것도 강사에게 어깨너머로 익혔다. 어떤 얘기들을 하는지, 어떨 때 전화를 해야 하는지, 어떻게 대응을 해야 하는지 등 한동안 난 허수아비 학원장이었고, 강사의 보조역할을 했다. 내가 주산을 할 줄 아는 것과 학생들에게 지도하는 방법은 달랐다. 우린 고등학교 과정에서 배웠고 이들은 초등학생들이었다. 당연히 지도방법도 달라야 했다. 그렇게 나는 상황학습 이론의 관점으로 보는 '이방인'에서 서서히 '장인'으로 위치이동이 되어가고 있었다.

학원운영에 있어서도 짜임이 바뀌고, 보는 시각이 바뀌어지고, 만남의 방식과 환경과의 접속방식이 바뀌고 있었다. 상황학습 이론에서 학습은 인간이 세계에 대해 '알게 되는' 방식이 아니라 그 세계 속에서 '존재하는' 방식을 가리킨다. 나는 학원운영을 위한 학습자였고 '이방인'으로부터 '초심자'로, '숙련공'으로, 이어서 '장인'으로 변화하는 과정을 거쳐 학원장으로 자리를 잡아갔다.

1988년 12월, 지금의 남편을 만나 결혼을 했고 첫째를 낳을 때까지는 그 장소에서 학원을 했다. 아이는 고등학교 때부터 신세를 진 언니가 봐주기로 했고 언니 덕에 일에만 전념할 수 있었다.

학원구조가 방이 딸려 있어 학원의 용도로는 맞지 않는 구조여서 많이 불편했다. 방을 사무실로 쓰고 있었고 교실은 하나밖에 없었다. 그러던 차에 2층밖에 없던 건물에 건물주가 증축을 했다. 건물이 지어지기가 무섭게 3층으로 확장 이전했다. 방이 두 칸 차지하고 있던 부분까지 확 틔어있으니 운동장 같았다. 교실 두 개를 만들고 사무실까지 따로 만들고도 입구 광장이 나왔다. 비용을 최대한 줄이기 위해 페인트나 도배를 하지 않아도 되는 패널로 칸막이를 한 후, 이사를 했다. 사무실 책상도 사장들이 쓰는 그런 큰 책상으로 들여놨다. 이전하고 나니 학생들이 더 늘었다. 강사도 두 명으로 늘었고 광장으로 쓰던 공간까지 교실로 사용해야 할 만큼 인원이 늘어났다. 다 좋았는데 주인이 4층에 살며 오르내릴 때마다 사사건건 간섭을 했다. 학생들 뛰어다녀 시끄럽다는 둥, 계단이 더럽다는 둥, 사소한 간섭 때문에 스트레스를 많이 받았다.

딸 돌잔치를 준비할 때였다. 그날은 여름이었고, 금요일이었다. 장을 보기 위해 강사들을 두고 먼저 퇴근을 했다. 퇴근할 무렵부터 비가 억수같이 쏟아졌다. 태풍이었다. 장을 보고 집에서 음식준비에 여념이 없었다. 음식준비를 하다 보니 집 뒤쪽 골목길에 물이 차기 시작했다. 마당에도 물이 차오르기 시작하자 방송에서는 태화강 범람이 될 수도 있다는 뉴스가 나오기 시작했다. 불과 몇 시간 만의 일이었다. TV 등 일부 전자제품들을 장롱 위로 올리고 준비하던 음식재료들을 들고 언니 집으로 향했다. 집 뒤는 이미 물이 차서 나갈 수가 없었고 집 옆 담을 넘어 준비할 음식과 아이를 데리고 피난을 갔다. 언니 집은 우리가 살던 집보다는 조금 위치가 높았기 때문이다. 언니 집으로 이동해서 우리는 음식준비를 계속했고 저녁 무렵 태화강 범람 직전 비는 그쳤다. 울산이 물바다가 될 뻔했던 강력한 태풍 '글래디스'였다.

천만다행이었다. 하지만 우리 집보다 한 블록 아래 골목에 있는 가게들은 어른 목까지 찰 정도의 비가 들어왔다고 했다. 다음날 물이 빠졌으나 동네가 말이 아니었다. 온통 흙탕길에 물에 찬 가게들과 물에 젖은 물건들 한마디로 아수라장이었다. 그 와중에 나는 손님 치를 준비에 여념이 없었고 돌 당일은 가족들과 남편회사 직원들을 초대했다. 다음날인 일요일에는 남편 친구들을 초대했었다. 멀리서 온 친구들과 집에서 점심을 먹은 후 경주 나들이를 하고 집으로 돌아왔을 때였다.

윗집 주인이 내려오더니 학원에 한번 가봤느냐고 했다. 학원주인이 와서 한바탕 난리를 치고 갔다고 했다. 이상했다. 학원은 3층인데, 1층과 지하는 물이 들어왔지만 3층이 왜 문제일까 싶었다. 선걸음으로 학원주인에게 달려갔다. 역시나 한바탕 난리를 치고 간 여운이 그대로 남아 있었다. 비가 그만큼 와서 비가 계단으로 줄줄 흘러내리는데 아기 돌잔치가 문제냐는 거였다. 창문을 제대로 닫지 않아서 빗물이 건물 안으로 들어왔다는 거였다. 요즘처럼 하이샤시로 한 창문도 비가 많이 오면 들어오는데 그 건물은 창문 틈이 많았고 이중으로 닫는다고 해도 그렇게 많은 비는 창문이 감당하지 못한다고 설명을 해도 막무가내였다.

문단속에 관해 강사에게 물어보니 갑자기 천둥이 치고 비도 많이 내려 무서워서 잘 확인하지 않고 퇴근했었다고는 했다. 하지만 내가 생각해도 창문을 잘 닫고 안 닫고가 문제가 아니었던 것으로 확신했다. 물폭탄이 쏟아졌는데 어떤 건물이든 물이 안 들어가겠는가?

당장 나가라고 했다. 건물을 비우라는 거였다. 시설투자해서 일 년도 안 되었는데 나가라니…. 어이가 없었다. 일단은 빌고 봤다.

"죄송합니다."
"미안합니다."

손이 발이 되도록 빌었다. 죄인도 그런 죄인이 없었다.

다 필요 없고 일단 건물 장판 다 꺼내서 바닥부터 말리라고 했다.

다음 날 물기에 젖은 무거운 장판을 고학년 아이들과 함께 낑낑대며 옥상에 갔더니 장판을 도로 들고 가라고 고함을 질렀다. 말리라고 할 때는 언제고 도로 들고 가라니…. 서러움이 복받쳐 올랐다. 학생들 보는 앞에서 주인의 고함은 계속되었다.

"여기 갖고 오지 말고 알아서 말리라고…."

그럼 어디서 말리라는 건가….

비가 들어 온 것이 우리의 잘못이 되어버렸기에 최선을 다하는 모습을 보여주고자 무거운 장판을 들고 올라갔건만….

교실 한쪽 장판을 걷어 말리고 바닥이 마르고 나면 다시 깔고 나머지 장판을 말리는 식으로 해서 장판과 바닥을 말려나갔다. 천재지변으로 졸지에 마음고생, 몸 고생을 하고 있었으니 기가 막혔다. 건물에 물이 들어온 것은 창문을 제대로 안 닫은 것으로 기정사실화되어 버렸다. 그게 아니라고 우길 수도 없었다. 우기지 않아도 건물을 비우라고 난리인데 우겼다가는 그대로 쫓겨날 판이었다.

한동안 주인의 노여움은 계속되었다. 시골에서 올라와 자수성가한 사람으로 건물을 하나 지었으니 그럴 만했다. 비 그치고 나면 옥상청소를 다시 할 만큼 건물에 대한 애정이 컸다. 그런데 세입자에 대한 배려는 전혀 없었다. 같은 건물 세입자들의 공통적인 이야기였다.

매 주말이면 아기를 업고 주위 건물을 알아보기 시작했지만 마땅한 건물이 없었다. 건물이 좋으면 가격이 비쌌고, 가격이 맞으면 평수가 규정에 맞지 않았다. 거리가 현재 위치보다 달라지면 학원생들 이동이 있을 건 뻔했다.

그해 추석날 명절 때마다 주인에게 작은 선물을 그동안 계속했었는데 그해도 마찬가지로 선물을 들고 찾아갔는데 선물마저 거절당했다. 건물을 비우라는 거였다. 그런 불편함으로 계속 지내다 건물주 아저씨에게 사정하여 형편을 좀 봐달라고 했다. 그런 상황이 지속하다 보니 학원운영에 만정이 뚝 떨어졌다.

당시 동네에 대형마트가 처음으로 등장했다. 채소류를 조금씩 나눠 파는 것이 신기했다. 동네마다 작은 슈퍼가 있었고 슈퍼에서 부식류를 팔거나 시장에 가면 부식류를 살 수 있었던 때에 ○○스토아라는 이름으로 없는 것이 없는 가게였다. 마트를 한 바퀴 구경하는 것도 재미났다. 금방 소문이 나서 장사가 잘되었다. 장사가 잘되니 주인이 가게를 비우라고 했다.

울며 겨자 먹기로 근처 더 크게 확장이전을 했고 그 자리는 주인이 이어받았다. 결과는 뻔했다. 아무런 경험이 없는 주인이 남 잘되는 게 배 아파 가게를 비우게 한 다음 주인이 직접 하니 잘될 리가 없었다.

경우야 다르지만 세입자에게 잘되는 가게를 비우게 한 것이나, 천재지변으로 물바다가 된 상황에 건물에 비가 들어왔다고 건물을 비우라는 것이 뭐가 다른가?

태풍으로 큰 피해를 당한 동네였지만 우리의 억울함을 풀 방법은 큰비가 한 번 더 와주기만을 바라는 것밖에 없었다. 어이없는 상상이지만 그렇게 되어야만 해결될 것 같았다. 그렇게 많은 비는 창문을 아무리 닫아도 비가 들어올 수밖에 없음을 아무리 설명해도 말이 통하지 않았다. 자기네들 상식으로 이해되지 않으면 그건 콩으로 메주를 쑨다 해도 믿지 않은 사람들이었다.

감사하게도 다시 큰비가 내렸고 그땐 이중창문을 꼭꼭 닫았지만, 화장실 쪽 베란다에서 물이 빠지지 못해 그 물이 샤시문 아래로 흘러들어 왔고, 이윽고 건물 안쪽까지 넘쳐 들어온 물은 계단으로 사정없이 흘러내려 갔다. 순간 물이 학원바닥으로 철철 넘치는데도 신이 났다.

'저거다.' 하고 바로 4층으로 뛰어 올라갔고 주인이 내려왔다. 그 장면을 보고서야 '그동안 지나쳤구나.'를 겨우 생각하는 듯했다. 사과는 하지 않았지만 미안해 어쩔 줄을 모르는 눈치였다. 나보다 나이 많으신 분에게 감히 사과하라는 말은 못했지만 '세입자들을 위한 배려를 좀 해 달라.'라는 말만 마음속에 되뇌었다.

결국은 건물로 들어온 비가 그동안 우리에게 씌워졌던 '창문을 잘못 닫은 죄'의 누명을 벗는 순간이었다. 그것만으로도 위안이 되었다. 주인을 마주칠 때마다 죄인이었던 마음의 짐을 벗어 버리는 통쾌한 순간이었다.

독하게
살아가다

그런 일이 있고 난 후부터 주인은 순한 양이 되었다. 더는 세입자가 벌벌 기지 않아도 되었다. 감사할 일이었다. 여차하면 실컷 투자해놓고 돈만 날릴 뻔했는데 결국 비로 인해 받았던 고통을 비가 깨끗이 해결해 주었다. 하지만 몇 달 동안 가시방석에서 지냈기에 학원에 정이 가지 않았다. 전보다 의욕이 떨어졌다. 잘 해결이 되어 이제 편하게 일하면 되었는데도 말이다.

학원을 그만두고 싶다는 생각을 하게 되던 찰나 남편이 다른 회사로 스카우트 계획이 있는 바람에 학원을 접게 되었다 '잘되었구나!' 싶었다. 안 그래도 주인이 보기 싫어서라도 그만두고 싶었는데… 학원을 정리하고 기다리던 중 그런데 남편의 직장문제가 잘못되어 버렸다. 남편도 이미 회사를 그만두고 옮겨갈 회사에 출근할 날만 기다리고 있었는데… 청천벽력이었다. 손 놓고 시간만 흘려 버릴 수 없었다. 고민을 오래 할 새도 없이 하던 일을 계속하려고 다시 학원을 인수하게 되었다.

지난번 학원과는 달리 학원 위치가 골목 안쪽에다 유치부까지 있었다. 강사는 유치부를 담당했고 나는 초등부를 담당했다. 지난번 학원은 차량운행을 하지 않아 편했는데 이곳에는 차량운행이 있었다. 소유하고 있던 승용차와 봉고를 바꾸기로 하고, 차량운행을 단 한 차례 해보고는 그만 손을 들었다. 승용차 운전만 겨우 하던 내가 12인승 차로 골목길 운전을 하는 것은 완전 무리였다. 난코스가 두 곳이나 있었다. 숙련된 사람도 몇 차례 각도를 꺾어야 겨우 빠져나갈 수 있는 구간과 차가 마주치면 한쪽 방향의 차가 잘 꺾어서 차를 뺐다가 다시 후진으로 나가야 하는 골목길이었다.

결국, 다시 차를 바꾸고는 7인승 새 차를 샀다. 인원이 늘어날 수 있음을 예상하지 못하고 선택한, 앞을 보지 못하는 경영의 시작이었다. 골목길 운전이라는 것과 내가 운전하기에 만만한 차를 선택하다 보니 7인승으로 하게 되었다. 인원이 늘어서 1년도 채 타지 못하고 결국 그해 말 12인승 중고차를 구입했다.

초등부는 자신 있었지만, 유치부에 관해서는 나는 또 '이방인'이었다. 안 되겠다 싶어 부산을 오가며 유아와 관련한 교육을 받기 시작했고 독학으로 익힌 피아노에 유아들 동요연습에 하루 두 시간씩을 투자했다. 열심히 한 덕에 골목이라는 열악한 위치에도 원생이 늘기 시작했다. 믿고 맡긴다는 거였다. 특히 어린애들일수록 손이 많이 가고 부모처럼 돌봐줄 사람이 필요했기에 시설을 따지지 않고 믿음으로 아이를 맡겨왔다.

학부모 상담도 학부모 입장에서 했고 또한 같은 주부의 입장에서 공감대를 찾아내다 보니 쉽게 학부모와 친해질 수 있었다. 학원을 마치고 나면 전화번호부를 보면서 정기적으로 학부모들과 통화를 했다. 특히 원생들의 하루 일과를 지켜보다가 재밌는 일이나 칭찬을 하고 싶은 일이 있을 때 그런 일들을 메모해뒀다가 학부모 통화로 한두 시간을 보냈다.

칭찬은 아이의 바른 인성을 돕는다. 내 아이가 학원에서 사랑받고 칭찬받는데 어느 부모가 좋아하지 않겠는가? 부모와 지내는 시간보다 학원에서 보내는 시간이 더 많기에 그런 부분들을 놓치지 않고 세심하게 살폈다. 다음 날이면 어김없이 간식이 배달되었다.

학부모들이 얘기했다. 하루 종일 학원에 갔다가 학원이 끝나는 시간 되면 '딱 5분 반갑다.'라고 했다. 학원에서 함부로 하지 못했던 어리광들이 부모를 만나는 순간 나오기 때문이리라. 그래도 난 늘 아이들의 좋은 점만 얘기해줬다. 안 좋은 행동들은 이야기하지 않는다. 그러니 우리 학원에만 오면 칭찬받는 아이들로 소문이 났다.

인간은 누구나 장점이 더 많음에도 몇 안 되는 단점에 가려 장점을 발휘하지 못하는 경우가 많다. 단점은 바라보면 바라볼수록 괴물같이 커지는 특성이 있다. 그리고 어느 순간 장점마저도 삼켜버리기 일쑤다. 단점에서 시선을 거두어야 장점이 밖으로 나올 수 있다. 그 때문에 의식적으로라도 자신의 장점을 파악하고 그것을 키울 필요가 있다.

장점은 단점과는 달리 키워주지 않으면 스스로 성장하지 않는다. 성공한 사람들에게 단점을 물어보는 경우가 없지 않은가? 단점보다는 그들의 장점이 무엇인지 더 궁금해한다.

그들 또한 단점도 있었지만, 장점을 어떻게 극대화해서 성공했는지가 궁금할 것이다. 그래서 성공한 사람들의 단점보다는 장점을 더 궁금해하는 것이다. 단점은 누구에게나 있으니까 말이다.

학부모들이 학원에 와보지도 않고 전화상담만 한 후 "이층언니 믿고, 원장님 믿고 보낼게요."

그런 믿음은 나로 하여금 감동으로 이어졌고 그 감동들은 고스란히 학원생들에게 사랑으로 흘러갔다.

홍보는 내가 할 필요가 없었다. 학부모가 운영하는 가게들은 우리 학부모들의 아지트가 되었고, 거기에 손님으로 오는 사람들도 자연스레 학원에 입학하게 되었다. 특히나 유아들 용품 파는 가게나 미용실은 우리 학원 홍보지사였다. 그분들의 입김으로 이웃동네에서 한 명 태워오던 것을 10명씩 태워오게 되면서 점점 늘어나기 시작했다. 이사를 하여서도 계속 보내왔다. 특히나 유아들에게 한글지도의 노하우 때문에 더 많이 찾았다. 이 학원 졸업생들은 다 글씨도 잘 쓰고, 공부도 잘하는 것으로 소문이 났다.

　학부모들의 편의도 최대한 봐줬다. 간호사가 직업이던 학부모는 퇴근이 7시라 집에 오면 8시라 달리 어린아이들을 맡길 때가 없었는데 학원비는 싸게 받으면서도 저녁 8시까지 봐줬다. 우리야 한 푼이라도 더 받으면 좋겠지만, 우리 입장보다 학부모 입장을 더 고려해줬다. 낮에 많은 아이를 볼 때보다 일과 후 두 명 보는 게 더 힘들었다. 학부모들이 '5분 반갑다.'라는 말에 공감이 갔다. 낮에 원생들을 위해 에너지를 쏟다 보니 저녁 두 시간에 두 명 보는 게 훨씬 힘들었다. 2년을 그렇게 봐줬다. 학원장이 아니라 보모였다. 그 친구들이 벌써 성인이 되었다. 복권이 당첨되면 원장선생님에게 1억을 준다고 하던 아이들이었다.

　종일반 아이들은 하루 종일 지루할까 봐 바깥놀이를 데려나가는 건 남편 몫이었다. 아이들은 그 시간만 기다렸다. 동천강변 둑길을 따라 한 바퀴 산책하고 왔다. 여름이면 둑길 끝나는 지점에 어른 키만 한 사철나무들이 있었는데 거기를 그늘 삼아 아이들이 놀았다. 지금은 그 나무들이 고목이 되어 세월의 흔적을 말해주고 있다. 이런 얘기들은 학부모를 통해 입에서 입으로 전해졌고 학부모들은 학원을 완전히 신뢰했다. 아이들이 가끔 집에 가서

　"엄마, 나 오늘 원장선생님께 혼났어."라고 하면 학부모들은

　"너가 혼날 만했겠지."라고 했다고 한다.

　이렇게 마음이 열린 학부모들은 학원행사 시 찬조를 아끼지 않았다. 찬조물품들이 넘쳐서 슈퍼를 차려도 되겠다는 농담을 할 정도였다. 학원을 하면서 김치를 한 번도 직접 담은 적이 없었다. 학부모들이 다 담가 줬다. 김치통마다 견출지로 학생의 이름을 붙여놓고 이집저집 김치 골라 먹었는데 맛이 굉장했다.

경제적
어려움

학원이 전성기를 누릴 무렵 또다시 먹구름이 찾아왔다. 동네가 재개발된다는 거였다. 학생들이 간혹 이사하기도 했고 마을은 비워지기 시작했다. 다행히 우리학원은 동네 아이들보다 차로 태워오는 아이들이 많았기에 그다지 타격을 입지는 않았지만 앞으로가 문제였다. 주인들은 속속 재개발 사무실에 몰려가 한 사람 두 사람 계약하는 분위기였다. 우리는 어떻게 되느냐고 주인에게 물었다. 주인은 모르겠다고 했다. 사무실로 찾아갔더니 그 사람들은 우릴 안심시켰다. 주인들과 일단 계약 후 시행사가 오면 그때 상가 가진 사람들을 다 부를 것이고 그때 다시 얘기하면 되니 걱정하지 말라고 했다. 그 말을 철석같이 믿었다. 우리가 땅 주인은 아니지만 그래도 그 지역을 기반으로 오랜 기간 생업을 해왔기에 그냥 나가라는 것은 상식 밖의 일이라고 생각되었다.

나중에 알고 보니 주인에게만 권리가 있을 뿐 재개발 시 세입자까지 보상되어야 한다는 법은 없다고 했다. 다만 도의상 주인이 계약 시 세입자의 권리를 조금 배려해서 재개발업자에게 돈을 더 받아서 줄 수는 있다고 했다. 하지만 주인들은 다 똑같았다. 자기들 배만 채울 생각하지 그들을 믿고 장기간 비싼 월세를 줘가며 주인의 생계를 도와준 공은 그 어디에도 없었다. 당시 이웃 동네에도 같은 재개발이 진행되었기에 서로 정보를 공유하기로 했다. 그 동네는 학원이 5곳이나 되어 협력이 가능했다. 그런데 우리 동네에는 상가라고는 작은 미니슈퍼 두 개와 우리학원이 전부였다.

몇 달 뒤 마을에 낯선 사무실이 들어섰다. 재개발 시행자 사무실이었다. 우린 찾아가서 계약하던 분들이 했던 말을 그대로 했다. 누가 그런 말을 하느냐며 오히려 말도 안 되는 소리 하지 말라고 했다. 주인과 계약이 끝났고 잔금을 치렀으니 당장 건물을 비우라고 했다. 사정을 설명했다. 당장 이 학원생들을 데리고 어디로 가느냐며 시설비 일부라도 좀 달라고 하며 사정을 했다. 윗분들과 상의를 해보고 연락을 주겠다고 했다. 그런데 그 말은 우리가 안 나가고 사무실에서 버틸 것 같으니까 내보내기 위한 수단이란 것도 나중에야 알았다. 매사가 우린 너무 순진했다. 세상물정을 너무나 모르고 있었다. 집, 학원, 집, 학원만 왔다 갔다 했으니 세상물정을 알 리가 있겠는가? 아이들의 예쁜 행동에 칭찬해주고 그 칭찬에 기분 좋아하는 학부모들을 보면 그걸 보람으로 여기고 있었는데….

시행자 사무실이 들어서고부터는 제법 덩치가 큰 사람들이 드나들었다. 오며 가며 음산한 눈빛을 보이며 '언제 이사 갈 거냐?'라고 했다. 조용히 얘기했지만, 그 눈빛은 협박이었다.

하루는 쉬는 날 외출 후 귀가하는데 학원 앞에서 그 덩치 큰 사람들이 웃통을 벗고 손에는 몽둥이를 들고 있었다. 순간 '올 것이 왔구나!' 싶었다. TV에서만 보던 장면이 눈앞에 펼쳐져 있었다.

좋은 말할 때 건물을 비우라는데 '말을 안 듣는다.'라는 거였다. 이미 공포분위기가 깔려있었다. 마을 사람들은 모두 무서워서 가만히 있을 수밖에 없었다. 결국, 들고 있던 몽둥이로 학원 간판을 부수었고, 우린 경찰을 불렀다. 나중에 벌금형을 받았다고 했다. 그날 이후 우리의 불안과 공포는 계속되었다. 금방이라도 몽둥이를 들고 찾아올 것만 같았다.

집이 한두 채씩 철거되기 시작하니 동네는 어수선했다. 저녁이면 귀신이라도 나올 것 같은 분위기였다. 건물철거로 지반이 흔들리다 보니 비가 오면 천정의 형광등으로 비가 쏟아졌다. 누전의 위험성에 늘 불안했다. 그런 환경인데도 학부모들은 학원을 옮기지 않고 계속 보냈다. 학생들을 위해 빠른 선택을 해야 했다. 도저히 더 버틸 수가 없는 상황이었다.

건물주는 성급히 계약을 해버렸고 세입자에 대한 권리나 배려는 아무 것도 없었다. 건물주로부터 명도소송이 들어왔고 주변상가와 합동으로 변호사를 선임해서 대응했다. 참으로 웃기는 것은 이웃동네 학원들이 선임한 변호사가 우리 동네 재개발업자의 변호사였다. 우리 동네에서는 우리 같은 학원에게 돈을 안 주기 위해 변호를 하고, 이웃동네에서는 학원들의 돈을 받아주기 위해 변호를 하는 참으로 아이러니한 일이 벌어졌다. 같은 변호사로 같은 맥락의 사건을 변호하고 있으면서 상반된 주장을 하고 있었으니 이걸 보고 '귀에 걸면 귀걸이 코에 걸면 코걸이'라고 하는가 보다.

능력 있는 변호사라서 이웃동네 학원들은 일률적으로 제법 많은 돈을 학원들에게 받아내 주었다. 그런데 우리 동네에서는 몇 안 되는 상가임에도 돈을 안 주기 위해 최선의 노력을 다했다. 같은 변호사가 말이다. 전세금에 약간의 웃돈을 올려서 조정이 들어왔으나 우린 이의제기를 하기로 했다.

동네 분위기는 분위기대로 어수선하고 불안했고, 그보다 더한 것은 법원으로부터 받는 재판 통보였다. 진짜 죄인이 된 마냥 그런 통보를 받을 때면 가슴이 뛰어 진정이 안 되었다. 변호사가 있기에 조금 든든해했는데 아뿔싸! 이번엔 변호사가 이의신청기일을 놓쳐버렸다. 세상에 이런 일이…. 그게 변호사의 본분인데 그걸 놓치다니 설상가상이었다. 변호사를 찾아갔다. 살다 살다 이런 일은 처음이라며….

'창문에서 뛰어내리고 싶다.'라는 말로 미안함을 대신했다.

미안하면 단가? 우린 절박한데…. 언제 단수가 되고 누전이 될지 모르는 환경에서 하루빨리 벗어나고 싶은데…. 결국 항소를 했고 부산에 있는 고등법원까지 갔었다. 더 이상 진행해봤자 유리할 게 없는 세입자의 입장이라 판사의 조정으로 전세금에다 약간의 금액으로 합의를 보게 되었다.

우리 동네의 나머지 두 개 상가들은 주인들이 세입자의 권리를 놓지 않고 챙겨주는 바람에 우리보다 규모가 작은 미니슈퍼임에도 재개발업자로부터 우리보다 훨씬 많은 보상금을 받았다.

이상한 일들이었다. 누가 봐도 규모가 큰 우리가 더 받아야 하는 상황이고 이웃동네도 받은 그 보상금을 우린 '병아리 눈물'이라는 표현이 맞을 정도의 금액으로 손을 들어야 했으니 말이다.

그 와중에 조용히 학원이전에 대한 준비를 하고 있었다. 건물을 비워버리면 권리를 주장할 수 없기에 조용히, 아주 조용히 진행하고 있었다.

70평이 되는 건물을 계약하고 새로이 인테리어를 했다. 종일반 아이들이 쓸 교실은 온돌판넬을 깔았고 복사기와 피아노 한 대를 제외하곤 모두 새로 물건을 들여놨다.

모든 환경이 좋았다. 차량도 12인승 두 대로 시작했다. 강사는 3명에 나와 남편까지 직원이 5명이었다. 제법 학원다운 규모로 발전했다.

하지만 걱정이 되었다. 이렇게 많은 투자를 해놓고 또 이상한 일이 생긴다면 하는 우려가 생겼다. 마음이 약해지니 자연스레 기대어지는 게 있었다. 학원이전 하기 직전 날을 잡기 위해 일명 점을 보러 갔다. 더 이상 나쁜 일이 생기면 안 되겠기에 지푸라기라도 잡는 심정으로 갔다. 결과는 뻔했다. 굿을 하라고 했다. 변호사가 기일을 놓친 것도 이상했고, 다른 동네 학원들은 다 제대로 보상을 받았는데 우리만 못 받은 것도 이상했고, 같이 소송을 진행한 미니슈퍼 두 곳도 우리와는 비교가 안 될 만큼 보상을 받은 것도 이상했다. 뭔가 있을 것 같았다. 이상하다며 한탄을 할 즈음 두 미니

슈퍼 중 한 분이 이 집을 소개해줬다. 그냥 이사 날짜만 좋은 날로 잡기 위해 갔는데 온갖 말로 회유를 하며 굿을 해야 한다고 주장했다. 변호사가 기일을 놓친다는 건 있을 수 없는 일이라 이건 그냥 있으면 안 된다고도 했다. 내 팔자에 빌딩을 짓고 살라고 했는데 그게 올해 마지막 운의 해라고도 했다.

마음이 한없이 나약해질 대로 나약해지니 그들의 말에 솔깃했다. 그러나 비용이 문제였다. 돈이 없다고 하니 그럼 조금만 부담을 하라고 했고, 날짜가 다가올수록 이것 저것 꼭 준비해야 하는 물품들을 이야기하며 결국은 돈을 다 요구했다. 어쩔 수 없었다. 굿을 하고 나서 잘될 수만 있다면 문제가 될 것 같지가 않았다.

그렇게 비용을 들여 한 굿은 굿으로 끝났다. 지금 생각하면 한심한 짓했다 싶지만, 그때는 절박했다. 그렇게 하지 않으면 안 될 것 같은 생각이 들었다. 그 또한 내 생애 한 경험의 장으로 남는 순간이었다. 그 굿은 영어의 'Good'의 뜻이었으면 참으로 좋겠다는 마음이다.

학원이전 후 한동안은 확보된 인원으로 안정적 운영을 했다. 재개발 과정에서도 유지가 되어왔던 원생들이 있어서였다. 규모를 갖추어 운영하니 더 잘되는 듯했다. 하지만 그전보다 운영비가 너무 많이 들었다.

강사 숫자도 늘었고 차량도 두 대에다 월세도 그전보다 두 배나 비쌌다. 술도가처럼 돈은 늘 여유 있게 손으로 만졌지만, 운영비로 나가고 나면 남는 돈이 없었다.

죽을
고비를
넘기다

둘째를 분만 중 잃었다. 의료 사고
였다. 내 체질이 특이했던 모양이었다. 첫째도 예정일이 지나도 출산조짐
이 보이지 않아 유도분만으로 낳았다. 과일도 수확시기를 넘겨 나무에 그
대로 두면 쪼글쪼글해지듯이 아기도 예정일 2주가 지나면 뱃속에서 그리
된다고 하였다. 첫째를 낳을 때 유도분만마저도 마지막 약을 먹을 때까지
소식이 없다가 마지막 약을 먹고 나서 급 진통이 와서 아기를 낳았다.

첫째도 그러더니 둘째도 마찬가지였다. 예정일이 되었지만, 도무지 소
식이 없었다. 결국, 유도분만을 하기로 했다. 그날 따라 병원에는 부인과
수술환자들이 많았다. 개인병원이라 진료실 바로 옆 온돌방이 분만대기실
이었다. 또한, 부인과 수술환자들의 회복실이기도 했다. 의사의 처방에 따
라 시간차를 두고 약을 먹기 시작했다. 역시나 아무런 반응이 없었다. 보통
약은 한 시간 간격으로 한 알씩 총 여섯 알을 먹는다. 그런데 그날은 이상
했다. 분명 약을 먹은 지 30분가량밖에 안 지났는데 또 먹으라고 했다. 조
금 전에 먹었다고 얘기했더니 간호사가 시계를 보며 그냥 또 먹으라고 했
다. 의사의 지시려니 했다.

약을 먹고 나니 갑자기 난리가 났다. 걷잡을 수 없이 진통이 시작되었다. 간호사를 불렀고 분만실로 옮겨졌다. 분만실로 옮기고 나서 간호사가 힘을 주라는데 힘이 주어지질 않았다. 이상했다. 첫째를 자연분만 해봤기에 그 순간을 안다. 그런데 이번에는 그렇지 못했다. 그제야 간호사가 심장박동기를 가져왔다. 아기의 심장이 뛰지 않는다는 거였다. 의사가 분만실로 왔다. 갑자기 참을 수 없는 통증이 시작되었다. 분만의 진통과는 전혀 다른 통증이었다. 아기가 잘못되었다고 했다.

그 길로 구급차를 부를 새도 없이 병원승용차로 비상깜빡이만 켜고 종합병원으로 갔다. 급히 수술준비가 진행되었고 참을 수 없는 통증이 계속되는 가운데 온갖 사인과 설명으로 시간을 한참 잡아먹었다. 참기 힘든 통증이 계속되니 그 순간은 아기가 잘못되었다는 것은 머릿속에 없었고 얼른 수술해서 이 통증을 없애줬으면 했다. 그만큼 통증의 강도가 심했다. 수술실로 들어간 후 얼마나 지났을까?

"아줌마, 숨 쉬어 봐요. 숨 쉬어 봐요!" 하는 의사들의 소리가 희미하게 들렸다. 그런데 숨이 쉬어지질 않았다. 막 답답했다. 금방이라도 숨이 넘어가는 고통이 느껴졌다. 의학드라마에서 본 환자들이 숨을 꺽 꺽 쉬는 그런 장면과도 같았다. 너무 추웠다. 갈증도 났다. '이러다 죽는구나.'라는 생각이 들었다. 의사들이 내 뒷목을 들어 올리는 듯했다.

그 후 내가 깨어났을 때는 중환자실이었다. 처음에 병원 올 때는 남편과 시어머니밖에 없었는데 깨어나 보니 친정식구들과 시댁식구들 모두 와 있었다. 면회시간에 맞춰 내 침대를 쭉 둘러서 있었다. 고마웠다. 내가 살았음에 고마웠고, 위급할 때 달려와 준 가족들이 고마웠다.

길게만 느껴졌던 생사를 오간 시간은 겨우 하루가 지났다고 했다. 불과 하루 사이에 난 사흘은 지난 듯한 느낌이었다. '살았구나!' 죽을 것 같은 고통이었는데 비로소 내가 살아났음을 알았다.

침대에 누워 간밤에 긴박했었던 상황을 들었다. 급하게 진통이 오면서 아기가 탯줄을 목에 감았다고 했다. 그러다 보니 자궁손상이 많이 되었고, 수술이 힘들었다고 했다. 수술 후 지혈이 되지 않아 수혈을 6봉지나 했다고 했다. 아마도 숨이 안 쉬어지는 그 순간이었을 것 같았다.

수술실 밖은 더 긴장의 도가니였다. 수혈 봉지는 계속 들어가고 있고, 수술 들어간 환자는 소식도 없고, 의사가 나와서 시간이 조금 필요하다고 했다. 시어머니와 남편은 낮부터 아무것도 먹지 못해 남편이 먹을 것을 구하러 병원 앞쪽 저 멀리 포장마차에 갔다. 그땐 편의점도 없었고, 병원 근처는 허허벌판이었다. 포장마차에서 오뎅을 포장하여 나오는 순간 저 언덕 위 병원에서 남편을 부르는 시어머니의 급박한 목소리가 들렸다.

"석아! 석아!"

그 소리를 듣는 순간 남편은 손에 쥐어졌던 오뎅을 던져버리고 막 뛰었다. '뭔가 잘못되었구나.' 싶었다. 언덕 위 병원까지 오는 그 시간이 그리 길 수가 없었고 숨이 턱에 차도록 뛰고 또 뛰어 병원에 도착하니 의사가 보호자를 찾는다고 했다. 진정할 틈도 없이 의사를 만나고서야 다행히 한고비 넘겼다는 소릴 들었다고 했다.

간밤에 그리 추웠던 내 몸은 여전히 내 몸 같지 않게 사늘했다. 혈액순환이 되지 않는 듯했다. 언니들이 발이며 손이며 계속 주물렀다. 아직 아무것도 먹을 수 없는데 오렌지 주스가 그리 마시고 싶었다. 간밤의 갈증은 분명 내 의식이었다.

중환자실에서 일주일을 보내고 일반병실인 1인실로 옮겨졌다. 의사의 배려였다. 빠른 회복을 바란다는 꽃바구니도 보냈지만 보기 싫어 밖으로 보내버렸다. 의사는 날마다 문병을 왔고 최고의 진료를 위해 애썼다.

그때부터 우리와 의사의 싸움이 시작되었다. 분명 의료사고였지만 의사는 인정하지 않았다. 최선을 다했다고만 했다. 식구들의 작전이 시작되었다. 시댁식구들과 의사와의 면담에서 의사의 과실여부를 듣기 위해 질문에 질문을 이어갔지만, 도저히 의사의 과실을 듣지 못했다.

보름 후 퇴원을 했다. 퇴원해서 집으로 오늘 길이 그렇게 허전할 수가 없었다. 열 달 고생한 보람은 없고 혼자서 집으로 간다는 것이 그랬다. 울고 싶어도 울 수가 없었다. 산후에 많이 울면 눈이 따가워 바깥생활을 할 때 힘들다고 했기 때문이다.

다행인 것은 내가 살아났다는 것이다. 지혈이 되지 않아 목숨을 잃을 뻔했던 순간이 있지 않은가? 만약 그때 계속해서 지혈되지 않았다면….

분명 죽을 수도 있었다. 그러나 나는 살아났다. 아니 다시 태어났다.

다시 태어난 기분으로 살기로 했다. 그래서 결심했다. 그전에 갖고 있었던 나의 부정적인 생각들을 모두 버리기로 했다. 그게 되느냐 싶겠지만, 목숨을 잃을 뻔한 순간을 겪고 나니 가능했다. 예전엔 화가 나면 나 스스로 주체를 할 수 없어 서류 등을 책상 위에서라도 세게 확 내려놓은 버릇이 가끔 있었다. 생명의 소중함을 알았다. 지금의 내 여건은 아무것도 아님을 알았다. 행복과 불행도 문제가 되지 않았다. 행복이든 불행이든 본인이 없고서야 어디 가능한 일인가? 생각을 바꾸니 모든 게 편해졌다.

구영리에 아파트를 분양받았었다. 출퇴근하기엔 거리가 멀어 전세를 주기로 했다. 처음으로 마련한 내 집인데 전세로 다른 사람에게 먼저 주기가 아까웠다. 그래서 우리가 하루라도 지내보고자 했다. 가스는 이미 들어

와 있었고 친구네가 먼저 입주해 있었기에 냄비 하나 들고 이불만 챙겨 친구네 집에서 놀다가 우리 아파트에 가서 하룻밤을 묵었다. 다음 날 아침엔 라면을 끓여 먹었다. 아기가 잘못되고 나니 이것도 걸렸다.

냄비 들고 이불 들고 간 것이 이사라고 했다. 우리는 놀러 가는 마음으로 갔는데 하룻밤 지내고자 우리 집에 갔으니 그건 이사가 맞다고 했다. 아무리 미신을 안 믿는 사람들도 이사할 때만큼은 날을 잡아서 가는 사람들이 많다. 모두가 잘되고자 하는 마음에서 일 게다. 일명 손 없는 날을 잡아서 말이다. 그해는 서쪽으로 이사하면 안 된다고 하던 해였다. 살고 있던 집에서 그 아파트는 서쪽이었다. 해산을 앞두고 배가 남산만 한 채로 이사했으니 벌을 받은 건지도 모르겠다. 별걸 다 끼워 맞추니 맞아떨어졌다.

절대긍정

생사의 고비를 넘기고 나니 모든 것이 소중했다. 그렇게 보기 싫던 학원 주인도 용서가 되었고 우선은 나 스스로가 달라지고 있었다. 잠깐씩이나마 마음속에 짜증이 있던 것도 떨쳐버렸고 고민도 아주 짧게 하고 떨쳐 버렸다. 마음속에 담으려 하지 않으니 가능했다.

큰 수술로 이후 임신이 되지 않았다.

시어머니께서도

'지 자식이 안 되려면 커서도 잘못되는 경우가 있으니 잊어버려라.'라며 위로해주셨다.

아기는 아들이었다. 장남이라 아들을 원하기도 했다. 일을 하고 있어 애를 돌보기가 힘들어 터울을 뒀다. 첫째가 다섯 살이니 이제는 낳아도 되겠다 싶었는데…. 잊기로 했다. 손자를 기다릴 만도 한데 시어머니께서는 그 후로는 한 번도 손자 얘기를 꺼내신 적이 없다. 당시 급박했던 현장 속에 계셨기 때문이리라. 며느리가 살아남았음을 감사해 하기 때문이리라.

아마도 더 많은 아이를 돌보라는 신의 계시였을지도 몰랐다. 그래서인지 그동안 많은 아이들과 생활해왔고 돌보아줬다. 학원 23년, 방과 후 강사

3년 6개월, 결코 짧은 세월이 아니었다. 스스로가 긍정녀로 아이들에게도 긍정 마인드를 심어주고자 했다.

고등학교 때 생물 선생님의 말씀이 생각났다. '내가 니보다 낫다고 생각하면 참는다.' 이 말은 두고두고 내게 교훈이 되었다. 다른 사람과 의견 충돌이 생겼을 때, 내가 부당하다고 생각될 때마다 이 말을 떠올렸다. 이미 이 말을 통해 나를 다스리고 있었는데 아옹다옹하는 세상사가 부질없게 느껴졌다. 그냥 무조건 즐겁게 사는 게 좋을 것 같았다.

다시 태어난 나는 절대 긍정녀가 되었다. 우선 전화톤부터 달라졌다. 평소에는 전화가 오면 목소리를 깔고 다소 묵직한 목소리로 받았는데, 목소리 톤을 올렸다. 그랬더니 목소리가 방방 뜬다는 소리를 들었다. 같은 학원장들이 힘이 빠질 땐 내게 전화해서 에너지를 받고 하루를 시작한다는 얘기가 나올 정도였다. 스트레스를 받더라도 빨리 털어 내 버렸다. 내 마음속에 자리 잡기도 전에 내가 먼저 털어 버린다.

'모든 것은 마음먹기에 달려있다.'

널리 알려진 이야기로 원효의 일화도 있지 않은가?

나는 도를 닦는 사람도, 원효도 아니다. 하지만 원효가 깨달은 바를 익히 알고 있었기에 이번 기회를 통해 실행으로 옮긴 것뿐이었다. 그게 가능했다. 지금까지도 나는 철저히 긍정녀이다. 누가 나를 보면 절대 근심, 걱정, 고민 없는 것으로 안다. 그런데 그런 사람은 세상에 없다. 겉으로 보면 정말 행복할 것 같고 걱정이 없을 것 같지만 들여다보면 다 있다. 모든 것은 마음먹기에 달려있다.

회사 다닐 때 나란히 옆자리에 앉은 친구가 있었다. 나보다 보름 정도

앞서 입사를 한 고등학교 동기 친구다. 그 친구는 얼굴도 예뻤지만, 그 친구가 짜증이나 화를 내는 것을 거의 본 적이 없다.

사내 동호회인 산악회에서 등산을 자주 갔었다. 처음 등산 다닐 땐 한번 산에 갔다 오면 다리가 일주일 정도까지 아팠다. 걷기가 힘들고 특히 의자에 앉았다 일어날 때는 더 심했다. 누가 시켜서 간 것도 아닌데 온갖 인상을 쓰고 다녔다. '나, 이만큼 힘들다.'라는 것을 일부러 표 내고 있었다. 그렇게 힘든 걸 좀 알아주었으면 하는 마음에서였다. 알아준다 하더라도 아픈 건 마찬가지인데도 말이다.

그런데 그 친구는 같이 등산갔다가 왔는데 아무렇지도 않은 듯 생글생글 웃으며 걸음도 씩씩하게 걸어 다녔다. 나는 너무 힘든 나머지 온몸으로 맘껏 그 힘듦을 표현하고 있었는데 '예쁜 척' 한다며 처음에는 속으로 비웃다가 정말 궁금해졌다. 똑같이 등산을 갔다 왔는데 왜 나만 힘들까 싶었다. 그 후론 그의 행동을 자세히 관찰하기 시작했다. 그다음 등산 갔다 왔을 때도 그랬다. 또 마찬가지였다. 생글생글 씩씩한 걸음이었다. 과연 저게 될까 싶었다. 일부러 힘든 척 안 하는 건가? 싶은 마음도 들었다.

그래서 나도 따라서 해 보았다. 몸은 힘들지만 힘들지 않은 것처럼 흉내 내어 보기 시작한 것이다. 인상을 쓰기보다는 웃는 얼굴로 씩씩하게 걸어보았다. 여전히 힘든 건 마찬가지였다. 그런데 힘들지만 내가 씩씩하게 걸으니까 누군가 '와 대단하다.'라고 말해 해주는 것 같았다. 그거였다. 아무도 보는 이 없고 아무도 말해주지 않았지만 내가 그렇게 생각하고 행동하는 거였다. 똑같이 힘든 것임에도 힘들어하지 않으면 대단하다고 느끼는 듯한 그런 느낌 때문에, 단지 느낌 때문이었다. 죽을 고비를 넘기면서 마음의 부정과 나쁜 생각들을 버렸다면 그 친구를 통해 긍정을 행동으로 표현하는 방법을 배운 셈이었다. 그날 이후 그 친구 덕분에 '미스 한'

은 걸음걸이가 경쾌한 아가씨로 통했다. 연습을 통한 긍정행동의 출발이었다.

어떤 사람들은 자신이 힘들거나 아니면 약한 존재로 보임으로써 다른 사람에게 위로나 동정을 받고자 하는 경향의 부류들이 있다. 그래서 그런 사람들은 글 쓰는 것만 보아도 표가 난다. 자신의 약한 부분을 드러내어 상대방의 마음을 얻어내는 사람들이다. 그것도 그 사람의 성향이겠지만 난 절대로 약한 부분을 쓰지 않는다. 아파도 아프다고 쓰지 않고 오히려 더 강한 척한다. 안 아픈 척하니 진짜 안 아팠다. 강한 척하니 더 강한 에너지들이 생겼다. 나쁜 것도 쓰지 않는다. 그래서 늘 내겐 좋은 일만 있는 줄 안다. 사실은 꼭 그렇지만은 않다. 나도 사람인지라 때론 힘들고 괴로울 때도 있다. 잘되는 일도 있고 잘 안 되는 일도 있다. 하지만 늘 잘된다고 생각하니 잘되었다. 힘든 것을 표현한다고 해도 달라지는 건 없고 몸과 마음만 더 처질 뿐이다. 오히려 활기차게 생활하니까 마음이 더 가벼워서 좋다. 인간은 아들러가 말하는 하나의 통합된 존재로서 나아가는 목적론의 실체임이 분명하다.

강의하면서 조직의 분위기나 시스템을 얘기해야 할 때가 있다. 경험하지 않은 부분은 얘기할 수가 없는데 6년 7개월을 근무했기에 조직사회를 알고, 조직의 문화도 안다. 거기다 크고 작은 에피소드들이 많아 그 경험들이 강의의 소재가 될 때는 더없이 고마웠다. 지금까지 나의 모든 경험이 소중했다. 절대 긍정녀로 살기로 한 이상 난 세상 그 어떤 것이라도 긍정으로 보기 시작했다.

지금의 나를 있게 한 소중한 일을 세 가지만 꼽는다면 그중 하나는 시골에서 어린 시절을 보냈다는 거고, 두 번째는 직장생활, 세 번째는 봉사단체에서 활동한 것이었다.

직장생활을 통해 사회를 알게 되었고 조직의 문화도 알게 되었다. 나의 자존감을 유지하게 해준 모든 일들이 회사에 다니면서 얻게 된 것이다.

나를 입사시켜준, 나를 수면 위로 끌어올려 준 최초의 사람도 회사로부터 얻은 인연이고, 나를 회사 밖으로 내몰아 CEO가 되게 자극을 준 사람도 회사로부터 얻은 인연이었다. 회사생활을 하면서 얻은 다양한 경험들은 지금의 나를 있게 해준 배경이 되는 요소들이었다.

고정관념 속 여자직원들이 불이익을 당하는 직장분위기도 있었지만, 거기에 굴하지 않고 맡은 바 일을 성실히 했기에 많은 혜택들을 누렸다. 나의 열정을 끌어내어 준 분 덕분에 각종 시험에 우수한 성적을 내었고 업무적인 면에서도 잘한다는 소리를 듣고 싶어서 맡은 업무만큼은 최고가 되려고 애썼다. 그런다고 직책이 올라가지는 않았지만, 여자도 남자직원들 못지않게 잘할 수 있다는 걸 보여주고 싶었다.

시골에서 어린 시절을 보냈다는 것도 대단한 자산이었다. 부족한 것이 태반이던 생활이었지만 부족한 것이 뭔지를 모르고 지낸 것이 지금도 마음의 풍요를 얻을 수 있게 했다.

집 안에 우물이 있었고 그 우물은 냉장고 역할을 했다. 우물가에 앵두나무도 한 그루 있었다. 장독대 옆에는 봉숭아와 채송화도 있었다. 우물 뒤 담 너머에는 공동우물이 있어 오후 나절이면 우물이 없는 집의 물동이들이 줄을 섰다. 공동우물 앞에는 작은 개울이 있어 빨래는 거기서 해결했다. 고무장갑도 없이 맨손으로 손을 호호 불어가며 한 빨래는 빨랫줄에 너는 순간 꽁꽁 얼어버린다. 빨래는 몇 날 며칠이고 바닷가 생선 말리듯 빨랫줄에서 얼었다 녹기를 반복한다. 여름날 한낮, 햇살을 피해 방 안에 누워있으면 저절로 눈이 감긴다. 앞뒤 열린 문으로 간간이 불어대는 바람은 시원하기 이를 데 없고 잠이 들락날락할 때 간간이 들려오는 매미소리는 지금도 귓가에 선하다. 지금도 가끔은 그 풍경이 그리워진다.

특히나 엄마가 해준 칼국수 맛은 지금도 잊지 못한다. 딸이 초등학교 1학년 때 5월 어버이날 효행 숙제가 있었을 때였다. 〈외할머니와 칼국수〉라는 제목으로 칼국수 미는 장면의 사진과 글을 제출해서 상을 받았다.

엄마의 칼국수 써는 솜씨는 한석봉 어머니의 떡 써는 그것과도 같았다. 아주 고르고 가늘게 잘 썰었다. 고명도 없고 멸치육수에 의존했지만, 그 맛은 전국 그 어느 칼국수 맛집과도 비교가 안 되는 맛이었다.

많은 기억이 있지만 그중 아름다운 기억만을 떠올리는 것도 내가 가진 절대긍정의 한 부분이다.

결핍은
욕구를
낳고

학원 이전 후 4년 가까이 되었다. 뭔가 특단의 조치를 취해야 할 때가 왔다. 학원규모는 크고 유지는 되지만 운영이 되지 않았다. 이것도 사업인데 유지만 되어서는 안 될 일이었다. 그 달 그달 손에 돈 만지면서 살긴 하지만 매달 메꾸어 나가는 것밖에 되지 않았다. 계약일이 다가오니 점점 더 불안해졌다. 그 무렵 지인의 소개로 과외를 하기 시작했다.

일주일에 두 번은 개인 과외를 했다. 3명이던 강사는 1명으로 줄였고 차량은 그대로 두 대를 유지했다. 23년간이나 하던 일을 접고 다른 일을 시작한다는 것이 말 만큼 쉽지 않았다. 더구나 그런 결정을 내린다는 것이 더더욱 어려웠다. 밤낮으로 '어떻게 해야 하나?' 고민하며 지냈다. 답은 뻔했지만, 그 답을 찍지를 못했다. 다니는 원생들은 어떻게 해야 할지, 나를 믿고 보내는 학부모들에겐 또 어떻게 해야 할지. 절차는 어떤 순서로 진행해야 할지. 끝도 없는 고민이 이어졌다.

계산을 해봤다. 당장 관두면 매달 들어오던 돈이 없어지는데…. 저축은 안 되었지만, 그달 그달 생활은 불편함이 없었는데, 그렇게 고민하던 찰나 지인의 소개로 과외를 소개받았고 두 팀 과외를 가게 되었다.

학원을 내어 놓았다. 시설비라도 좀 건지자는 취지였다. 당시 재개발로 학원을 옮긴 지 4년이 넘도록 아파트를 짓지도 않고 동네는 여전히 비어있었다. 근처 초등학교는 학년 당 3개 반이 고작이었다. 학교 학생수가 줄어드니 학원생이 줄어드는 건 당연했다. 거기다 어린이집이 대형화되어가고 있었고 어린이집 원생에게 지원되다 보니 무료로 교육받을 수 있는 어린이집을 두고 학원에 올 리 만무했다. 거기다 방과 후 활성화로 전교생이 방과 후 학교에 다니다시피 하니 학생들이 학원에 올 시간이 없었다.

'부자는 망해도 3년 간다.'라고 하더니 딱 그 짝이었다. 학원을 확장해서 이전했지만, 그동안 확보된 인원으로 유지해 왔던 거였다. 더 이상 인원이 늘지는 않고 있으니 문을 닫아야 하는 것은 뻔한 결과였다.

새로운 환경의 시작으로 그동안보다 훨씬 열정과 성의를 다했지만 역부족이었다. 정보지에 광고를 내어 봤지만 아무도 보러 오지 않았다. 동네 입시학원 한 곳에서 이전계획이 있어서 왔다가 갔지만, 유치부에 맞춰 시설을 해놓은 터라 자기들이 이전하게 되면 새로 시설을 해야 하는 부담 때문에 더는 연락이 없었다.

주인에게 그만둔다고 이야기했더니 원상복구를 해달라고 했다. 물론 계약서상에 원상복구라는 말이 명시되어 있었지만 오래된 건물에 깨끗하게 인테리어가 되어 있으면 누구든 그대로 들어올 수 있는데 그걸 굳이 철거하라는 것이 이해가 되질 않았다. 또 철거하려면 철거비용이 발생하는 것도 문제였다. 학원을 관둔다는 것을 결정하기까지도 쉽지 않았는데 막상 결정하고 나니 처리해야 할 일들이 또 산 넘어 산이었다. 견적을 내어보니 철거비용만 2백만 원이 들었다. 또다시 세입자는 을이 되어 주인에게 사정했다. 제발 그대로 두고 나가게 해달라고 사정을 했다. 말이 먹히지 않았다. 시간을 두고 또 사정을 해보기로 하고 학원의 시설물들을 우선 하나씩 정리해 나가기로 했다.

모든 교구들은 주문제작으로 아주 단단하게 잘 만들어진 거였지만 나무로 된 교구들은 돈이 되질 않았다. 1톤 트럭 두 대 가득 싣고 가면서도 우리에겐 20만 원이 고작이었다. 책장 하나만 해도 살 때는 10만 원이었는데⋯. 160만 원 주고 산 대형 TV는 25만 원, 350만 원주고 산 스탠드형 냉난방기는 35만 원⋯. 어차피 시설비를 못 건질 판이었으니 적은 돈이라도 받고 현금화시키는 게 중요했다. 정리를 하다 하다 끝내 벽걸이 에어컨은 그대로 두었다. 누구는 들어오면 설치해야 하니 잘 썼으면 하는 바람이었다. 결국, 주인은 내가 계약기간이 만료되어 나가는데도 철거를 안 하는 조건으로 전세가 나갈 때까지는 전세금 일부를 못 주겠다고 하여 전세금 일부를 남겨 놓은 채 23년의 학원운영은 막을 내렸다.

학원을 관두면서 이사도 같이했다. 학원으로 이사하면서 늘였던 짐들은 좁은 집으로 이사하는 관계로 또다시 줄여야 했다. 꼭 필요한 물건들만 챙겼다. 이제 CEO가 아닌 주부로, 과외선생으로 위치이동을 했다. 학원생들은 모두 다른 학원으로 보내길 안내를 했고 일부 학부모와 아주 각별한 학생들 몇 명만 집으로 불러 과외를 하기로 했다. 우선 생활비를 벌어야 하는 내 계산이 있었다. 방문과외와 집으로 찾아오는 과외를 하고 있었으니 많은 돈을 아니었지만 괜찮았다. 더구나 많은 운영비가 매달 나가던 거에 비하면 월세 조금 나가는 것은 아주 우습게 생각되었다.
차량도 한 대를 정리하고 내가 몰고 다닐 경차를 중고로 구입했다. 12인승을 몰다 경차를 운전하니 주차 걱정 없고 골목길 속속 잘 빠질 수 있어 아주 좋았다. 세금도 없었고 주유비도 적게 들었다. 어느새 경차 마니아가 되었다. '3년만 타야지.'라는 생각이었다. 학원장에서 주부로, 사는 곳도 너무나 큰 변화였지만 덩치 큰 학원을 운영하며 신경 쓸 부분이 많았던 거에 비하니 좁은 집도 지상낙원이었다. 고마운 경차는 석사과정 마칠 때까지 사고 한번 없이 나와 함께 해주었다.

학원을 할 때의 집은 학원건물 뒤쪽에 가건물로 지어진 집이었다. 인테리어를 하면서 구조를 좀 변경하여 학원과 연결되도록 만들었고 계단 쪽으로 별도의 출입문도 만들었다. 방 2칸과 거실, 그리고 긴 복도가 있었다. 일반 집에서는 볼 수 없는 구조였다. 욕실은 작은 방 뒤쪽에, 부엌은 거실 뒤쪽 베란다에 있었다. 와보지 않고는 상상이 잘 안 될 구조였다. 가건물이다 보니 여름은 덥고 겨울은 추웠다. 특히 비가 올 때면 가건물 천정에 떨어지는 빗소리는 전화통화가 힘들 정도로 컸다. 외관으로 설명되는 구조는 이랬지만 인테리어의 힘을 빌려 멋지게 변신시켰다. 개원할 때 들어온 많은 화분은 긴 복도에 자리 잡았다.

집과 학원은 새 단장으로 좋았지만 언제나 '을'인 세입자의 고충은 여전했다. 월세를 70만 원이나 내는 데도 가건물이 위치한 곳을 따로 받아야 한다는 둥, 그곳을 헐고 원룸을 지을 거라는 둥, 볼 때마다 세입자의 가슴을 철렁하게 만들었다. 그러더니 2년 뒤 결국 월세를 10만 원 올렸다. 모두가 월세를 올리기 위한 전략이었던 것 같았다. 처음 계약할 때도 가건물 집이 있었고 그 집 때문에 입주했는데도 주인은 딴말을 일삼았다.

이런 스트레스가 늘 있던 터라 다 접고 나니 좁은 집도 크게 느껴졌고 적은 방과 후 강사 월급도 많게 느껴졌다.

몇 년 전, 남편의 주식투자로 아파트 한 채를 날렸다. 가계가 휘청거렸다. 학원이 잘되고 있을 때라서 어느 정도 수습은 되었지만, 그 여운은 계속 남아 있었다. 그런데 지금은 상황이 다르다. 아무것도 남은 것이 없었다. 잘해 볼 거라고 무리하게 확장 투자를 한 학원도 4년 만에 문을 닫아야 했다. 모두를 내려놓았다. 시설비 하나 못 건진 채 돈을 들여 구입한 물건들도 버리고, 욕심도, 미련도 버리고 나왔다.

늘 돈을 많이 만졌지만 내 돈이 되지 않았고, 우리가 버는 돈은 월세와 이자로 다 나갔다. 지긋지긋했다. 그래서 이자 없는 생활을 해보고자 학원을 접으면서 다 정리했다. 한마디로 망했다는 표현이 맞다. 다 정리하고 나니 남는 돈이 없었다. 집에 맞추어 들어갈 수 있는 최소의 짐만을 남기고 모두 버렸다. 주방 한 켠이 나의 공부방이 되었다. 짐을 다 버렸으니 미니 3단 책장 세 개와 복합기가 전부였다. 첫 일 주일은 좁아서 답답하고 머리도 아팠다. 그런데 이내 괜찮아졌다. 위치가 좋고 주차시설이 좋아 편리함에 금방 적응이 되었다. 집을 알아볼 여력이 없었다. 모든 게 귀찮았다. 어서 여기를 벗어나고 싶은 마음에 한번 가 보고는 바로 계약해버렸다. 새로 시작한다는 기분이 이런 거구나 싶었다.

자연으로 돌아가는 기분이었다. 서글펐지만 그 서글픔을 채워주는 것은 공부였다. 다 버리고 없어도 난 공부를 하고 있었던 것이었다.

아쉬움도 미련도 없었다. 그때부터 나의 욕구는 서서히 배움으로 채워 나가고 있었다.

좁은 나의 공부방에선 날마다 수학문제를 연습장 가득 푸는 게 일이었다. 일을 위해 푸는 거였지만 그 과정도 재미있었다. 덕분에 중학교 과정의 수학공부도 맘껏 했다. 혹 설명하다가 막힐까 봐 꼭 문제를 직접 다 풀어보고 갔다. 학생들에겐 기본 교재만 하나 쓰고 내가 그날 수업할 양을 일일이 복사한 후 제본을 해서 다녔다. 주말이면 일주일치 교재 만드는 작업으로 시간을 다 보냈다. 일 년을 꼬박 그렇게 하고 나니 요령이 생겼다.

학원에서 가져간 유아용 책상에서 석사논문을 썼고, 박사과정도 마쳤다.

집이 좁은 건 내가 하고자 하는 일과 성취에 아무런 지장을 주지 않았다.

학원들 관둔 지 7년이 넘었지만, 학부모들을 만나면 난 여전히 원장님으로 통한다. 우리 학원이 없어져서 애들이 '한글을 못 익히고 학교 간다.'라는 말이 엄마들 사이에서 나온다고 했다. 학부모들은 한결같이 '그때 너무 잘 가르쳐 주셔서'라는 말을 한다. 부끄럽다. 내가 잘 가르치기보다 아이들이 잘 해줬는데도 학부모들은 그렇게 이야기한다. 그런 말을 들을 때마다 그 학부모에게 더 고개가 숙여진다.

그때의 아이들이 성장해서 진로상담을 하고 싶을 때면 나에게 연락이 온다. 김치를 나눠 먹던 정이 있었기에 나는 기꺼이 그들과 함께한다. SNS를 통해 나의 활동 모습을 잘 보고 있다며 내가 성장해 나가고 있음이 그때의 그 학생들에게도 도움이 되고 있다고 한다. 내가 활동할 수 있는 힘의 에너지는 여기서도 얻는다.

대타가
홈런
친다

                  2011년 5월에 학원을 관두고 그 해 12월까지는 과외로 시간을 보냈다. 과외만 하기엔 시간이 너무 많이 남아 학습지를 할까? 아니면 방과 후 강사를 할까 고민 끝에 방과 후 학교에 문을 두들겼다. 그런데 그 루트를 몰라 방과 후 강사 모집 시기를 놓치고 나서 2월에야 재)행복한 학교에 서류를 넣었다. 아니 무작정 찾아갔다. 담당과장과 이사장의 면접 후 학원경력을 보시고는 진작 좀 오지 그랬느냐며 안타까워했다. 이미 모집이 다 끝났으니 혹 결원이 생기면 연락하겠다고 했다.

    행복한 학교는 방과 후 학교 위탁업체로 울산교육청과 시청, 그리고 SK그룹이 합작 투자하여 설립한 사회적 기업이었다. 당시 관리하는 학교가 11개교 정도에 강사는 총 160여 명 정도였다. 지금은 그 규모가 엄청나게 커졌다.

    그런데 3월 초에 재단에서 연락이 왔다. 행운이었다. 우리 집에서 가까운 거리에 있는 학교에 배정된 강사가 일주일 근무 후 학생이 적다며 사직했다고 한다. 3월 둘째 주부터 바로 출근하기로 했다. 방과 후 학교는 학생당 일정금액을 월급으로 받는다. 고정으로 나갈 수 있는 일자리가 좋았다. 일주일에 두 번, 3시간이면 된다. 돈이 적으면 어떠하랴. 출근할 수 있는 곳이 있는 것이 중요하지. 더구나 방과 후 강사라고 내밀 수 있는 직업이 있다는 것도 내겐 중요했다.

23년간 아이들과 함께하면서 아이들을 떠나고 싶었는데 결국은 다시 아이들 함성 속으로 들어가게 되었다. 유치부와는 달리 초등학생들은 점점 개인화가 되어가면서 한마디 충고라도 하려고 하면 그걸 순수히 받아들이기보다는 "왜요?"라는 반박을 제일 많이 했다. 좁은 집으로 이사하면서도 편안했던 것은 그런 환경 속에서 지내지 않아도 된다는 거였는데 일 년이 못되어 또다시 아이들 속으로 들어가면서 나도 모르게 즐거워하고 있는 자신을 발견했다. 천직인가 보다. 결국, 나는 아이들과 함께 생활할 수밖에 없는 운명에 놓여 있는지도 모르겠다.

재단 담당자와 함께 학교로 출근했다. 학교마다 방과 후 강사를 관리하는 코디가 있어 불편함은 없었다. 학교의 제재나 간섭도 없었다. 오히려 학부모들이 학원보다 방과 후 강사를 더 선생님으로 인정하는 느낌이었다. 처음 배정된 인원이 17명이었다. 재단에서도 미안해했다. 월급이 적었기 때문이었다. 나는 그것이 문제가 되지 않았다. 나는 매일 출근할 수 있는 곳이 필요했고 적지만 고정으로 받은 월급이 있다는 것이 중요했다. 그리고 소속이 있다는 것도 중요했다. 더욱 감사한 것은 이틀 중 하루는 대학원 가는 날이라 학교 측과 협의하여 시간을 30분 조정해 주는 재단 측의 배려도 있었다.

그렇게 나는 방과 후 수학강사가 되었다. 일 년 가까이 아이들과 멀어져 있었던 열정이 다시 샘솟기 시작했다. 아이들과 나와 학부모가 하나가 되고자 노력했다. 많은 아이들도 관리했는데 이 정도 인원쯤이야…. 더구나 학원처럼 운영비 신경 쓰지 않아도 되니 나만 잘하면 되는 거였다. 어렵지 않았다. 학원운영에 비하면 방과 후 강사는 '잘 차려진 밥상에 숟가락 하나 얹는' 격이었다. 재단에서 이미 모든 지원을 해주고 있는 밥상이라 나는 숟가락만 들고 맛있게 먹기만 하면 되었다. 쉬었던 기간이 있어서인지 더 탄력이 붙었다. 처음 3개월은 인원 변동 없이 그대로 갔지만 2분기부터 인원이 늘기 시작했다. 그동안의 경력을 고스란히 방과 후 학교에 쏟아 부었다. 일부 강사는 코디와의 불협화음도 있었다. 출석부 등 해야 할 서류들을 본인이 할 생각을 하지 않고 코디가 대신해주기를 바라는 것 때문이었다. 내가 봤을 땐 차려진 밥상을 몰라보는 배부른 행동으로밖에 안 보였다.

학기마다 재단에서 진행하는 강사연수가 있다. 첫 학기를 잘 마무리하고 처음 연수에 참가했는데 최우수 강사상을 받았다. 상을 받게 되면 우수강사 인증서와 상금 그리고 재계약 시 인센티브가 있었다. 우수강사 시상이 있다는 것만 알았지 미리 얘기를 해주지 않아 몰랐는데 160명의 강사중 강사 평가 1등이었다고 했다. 분기가 끝날 때면 학생과 학부모 만족도 설문조사를 한다. 학생의 조사는 수업 후 하는 거라 우리가 볼 수 있지만, 학부모 만족도 조사는 학생을 통해 학교로 바로 전달되기 때문에 그 결과를 우리가 알 수 없다. 그런데 그 결과치를 점수로 매겨 상위 6명에게 우수강사 시상을 했다. 점수가 낮은 사람은 컨설팅을 받고 일정 점수 이하인 사람은 재계약이 안 되었다. 일반 대중강연 강사도 관객과의 소통이 평가로 이어지듯 방과 후 강사도 혼자서만 잘해서 되는 게 아니라 학부모, 학생, 강사 이렇게 삼박자가 맞아야 했다. 인원이 적다고 그만둔 자리에 뒤늦게 합류했지만 빛을 발하는 순간이었다.

3분기가 되니 재단 측에서 심화수학 한 과목 더 개설할 것을 요청했다. 광고가 나갔지만 아무런 문의가 없었다. 그러던 어느 날 3분기 시작하고 한 달이 다 되어가는 9월 중순경 학부모의 문의전화가 왔다. 아이의 가방 속에서 모집 광고를 봤다고 하며 관심을 보였다. 고학년일수록 학교의 가정통신문을 학부모에게 보여주지 않고 본인의 판단으로 다 처리해버리는 경향이 있었다. 보여줄 필요가 없다고 생각되었던 그 광고지가 학부모에게 기다리던 거였다고 했다. 이미 모집기간이 지났지만, 최소 인원만 되면 10월부터 개설할 수 있다고 했더니 전화를 끊고 한 시간 만에 최소인원인 5명을 모아 연락이 왔다. 최소인원이라는 것은 5명 이상이면 개설할 수 있고 10명 미만인 강좌는 재단에서 10명분의 강사료를 보전해준다.

그렇게 한 강좌가 더 늘었고 수학과 심화수학 두 과목, 일주일에 4번 학교에 갔다. 심화수학은 인원이 적으니 과외수업하듯 해나갔다. 다행히 다들 공부를 잘하는 학생들이라 지도하기는 수월했다.

이듬해부터 인원이 본격적으로 확 늘기 시작했다. 두 과목을 합한 인원이 70명이나 되었다. 일주일에 10시간, 한 달 해봤자 40시간 일했는데 하루 8시간씩 한 달 꼬박 일하는 정도 이상의 월급을 받았다. 인원이 적다고 그만둔 자리에 들어가 최우수 강사상에 인원도 늘었으니 '대타가 홈런 친' 격이었다. 또한, 방과 후 학교 때문에 학원 문을 닫았는데 방과 후 강사로 특수를 누리고 있었다.

재단에서도 무척 좋아했다. 방과 후 학교는 과목수도 중요했고 참여인원수도 중요했다. 그게 재단의 실적이었기 때문이다. 방과 후 강사가 돈 안 된다는 말도 맞지 않았다. 과목에 따라 달랐고, 인원에 따라 달랐고, 어떻게 운영하느냐에 따라 달랐다. 인원이 늘게 된 것도 잘 가르쳐서만이 아니다. 영업전략이 필요했다. 원생확보를 위해서 어떻게 홍보를 하고 어떻게 상담을 해야 하는지 그런 스킬이 필요했다. 나의 그간 경험과 노하우가 방과 후 강사의 영업전략에도 딱 맞아떨어졌다. 영업이란 것이 주로 학부모와의 상담인데 그런 상담전략이 인원 증가로 이어졌던 것이다.

아이들은 개인차가 크다. 같은 문제를 빨리 풀어내는 아이들이 있는가 하면 어떤 아이들은 끙끙대며 시간을 많이 잡아먹는다. 그럴 때 빨리 끝난 아이들을 그대로 두면 떠들어서 아수라장이 된다. 난 그럴 시간을 주지 않는다. 학년에 맞춘 연산문제를 바로바로 출제해서 풀게 한다. 볼펜과 종이만 있으면 바로 문제가 줄줄 나온다. 시간이 걸리지도 않는다. 그렇게 연산 훈련을 시키고 단원별 기본개념을 충분히 익히도록 지도를 한다. 그렇게 하니 아이들의 수학실력도 늘고 수학을 즐거운 과목으로 인식했다. 그해 겨울 또다시 우수 강사상을 수상했다. 연속으로 두 번이나 받았다.

이런 나의 노하우를 나누고자 재단에 요청했다. 방과 후 강사들이 먼저 마인드 변화가 있어야 한다고 했다. 재단에서 나의 요청을 들어주었고, 난 재단소속 방과 후 강사이면서 재단소속 강사들을 위한 연수에 강연자로 초빙되었다.

방과 후 학교가 사교육비 절감대책으로 활성화가 되었다. 70명의 인원을 사교육시장에 다닌다는 가정하에 비용절감 부분을 계산해봤다. 학원마다 수강료가 차이가 있지만, 최소 15만 원을 계산해도 70명이면 연간 1억 2천5백만 원 절감 효과가 나왔다. 대단한 수치였다. 1개 단위학교에서 이 정도의 절감이면 전국으로 계산하면 엄청난 절감의 효과가 나온다.

교육청에서 매년 방과 후 강사 체험수기 공모가 있었다. 이러한 근거를 바탕으로 그간의 경험들을 수기로 제출했지만, 수상은 하지 못했다. 그 이듬해도 조금 보충하여 쓰기는 했지만, 또 탈락이 될까 봐 제출은 하지 않았다. 아쉬웠지만 우수강사 두 번의 수상과 많은 수강인원이 있으니까 나의 기록으로 한 번 제출했었다는 것만으로 만족하기로 했다.

04

꿈을
위한
도전

내
인생을
바꾼
대학

고등학교 졸업 후 500만 원만 모으면 대학에 가겠다고 했던 목표는 현실과의 벽에 부딪혀 좌절된 채 그 현실의 벽 속 안에서만 갇혀 묵묵히 지냈다. 한 번도 그 현실의 벽을 탈출하고자 시도해 보지 않았다.

처음 주산학원을 시작할 때는 강사와 원장이 동시에 등록이 되었다. 주산 1급 자격증이 있었기 때문에 강사자격이 되었던 것이다. 그 후 주산이 쇠퇴하게 되고 주산학원이 속셈학원으로 바뀌는 추세로 가면서 사정은 달라졌다. 속셈학원의 강사는 수학 관련 학과 졸업이나 전공불문 전문대졸 이상이 되어야 가능했다.

학벌중심인 우리나라에서는 그 방면에 오랜 숙련공이나 장인들도 가능일 때는 인정이 되지만 그렇지 않은 경우는 아무리 잘해도 학벌에서 밀리는 게 현실이었다. 그래서 학원이 속셈으로 변경인가가 되면서부터는 원장으로서의 자격만 유지해야 했다.

그러던 중, 고등학교 후배인 학부모가 방송대 졸업반이라는 걸 알게 되었다. 그동안은 방송대에 대한 정보가 전혀 없었다. 시골에서 고등학교를 진학 못한 친구들이 방송고등학교에 다닌다는 얘기를 들은 적은 있었다. 그런데 방송강의를 들어야 하고 우편으로 업무를 봐야 하는 등 엄청나게 공부하기가 힘들다는 얘기가 듣고 있던 터라 방송대의 시스템에 대해선 전혀 몰랐다. 이 또한 정보의 부재임을 새삼 깨닫게 되는 순간이었다. 그때야 인터넷을 뒤져보기 시작했다. 그동안 난 뭘 했나 싶었다. 벌써 4학년이라니. 성안동에 학교도 있다고 했다. 그동안 학벌에 대한 스트레스가 알게 모르게 작용하고 있었는데 그동안 왜 난 방송대를 생각하지 못했을까? 일반 대학만 생각하다 보니 늘 현실과의 벽이 되어 생각만으로 그친 게 한두 번이 아니었다. 학부모의 소중한 정보 덕에 이듬해 난 방송대에 입학하게 되었다.

그런데 고민은 또 있었다. 학과선택이 문제였다. 당시 내가 하고 있던 일을 생각하면 유아교육과를 가는 게 맞았는데 그 학부모가 다니는 학과는 교육학과였다. 곰곰이 생각했다. 요즘 학생들의 표현으로 졸업 후 누가 물었을 때 유아교육과 졸업보다 교육학과 졸업이 더 '까리할 것' 같다는 아주 단순한 논리로 교육학과를 선택했다.

입학식 날 또 놀라운 장면을 발견했다. 각 학과의 특색을 살려 분장을 한 선배들이 해당학과 신·편입생을 환영하는 인파가 정문에서부터 본관 건물까지 줄을 이었다. 그동안 보지 못한 광경이었다. 혼자가 아님을 알게 된 순간이었다. 대강당에서 감격스러운 입학식을 마치고 학과별 O/T가 이어졌다. 우리과는 인원이 많아 그대로 강당에 남았고 다른 과는 각 강의실로 이동했다. 학과소개 및 행사안내와 학습관련 정보를 안내받고 지역별로 스터디구성을 끝으로 식당으로 이동했다.

내 눈앞에 있는 신입생을 제외한 모든 사람들이 영웅으로 보였다. 어떻게 먼저 한발 앞서 이렇게 하고 있었을까? 방송대가 '입학은 쉬워도 졸업은 어렵다고 하지 않던가?' 그런데 그 길을 당당히 헤쳐나가며 한 해, 두

해 일과 육아와 씨름하며 현재의 모습으로 내 눈앞에 선 그들의 모습은 실로 감히 가까이할 수 없는 대단한 분들로 여겨졌다. 아낌없이 그동안의 학습경험을 나누어주는 선배들의 한 마디 한 마디가 천금과도 같았다.

그때가 학원을 막 이전하던 해였다. 나에겐 두 가지 새로운 희망이 생겼다. 방송대 입학을 한 '나도 대학생'이라는 것과 학원을 확장했기에 새로운 분위기라 의욕이 넘친다는 거였다. 그리도 원하던 대학생이 아니었던가? 교재를 받아들고 나니 더 실감이 났다.

그런데 문제는 눈이었다. 노안이 시작된 시기라 밤에 형광등 아래 글씨가 잘 보이지 않았다. 공부에 손을 놓은 지가 오래되어서 어떻게 해야 할지도 몰랐다. 그래도 학원에서 아이들 지도하며 공부와 아주 거리를 쌓은 건 아니라서 그나마 다행이었다. 입학 후 바로 신·편입생 M/T가 경주 산내수련원에서 있었고 두 대의 대형버스를 타고 이동했다. 오전엔 운동장에서 미니 축구로 선후배가 어울렸고, 오후에는 강당에서 신입생 환영의 무대가 펼쳐졌다. 저마다의 끼를 발산하는 모습들을 보고 또 탄성을 질렀다. 귀갓길 차량에서조차 후배들을 위한 선배들의 노하우는 계속 전수되고 있었다.

사실 입학 당시만 해도 컴퓨터 사용이 능숙하지 못했다. 겨우 컴퓨터를 켜고 간단한 검색만 하는 정도였다. 타자를 할 줄 알기에 문서작성 정도는 가능했지만, 컴퓨터의 세세한 기능은 알지 못했다. 또 학원에서 컴퓨터 작업을 해야 할 일이 있을 땐 강사들이 대신해 줬기 때문에 그다지 잘 다루지 못해도 되었다. 그런데 방송대는 컴퓨터와 익숙해져야만 했다. 입학 당시 메일도 어찌 보내는지, 받은 메일은 어떻게 열어보는지도 몰랐다. 그런 내가 한 학기 지나니 컴퓨터와 매우 친해졌다. 모든 게 반복 연습이고, 훈련이 필요했다.

학원에 신경을 많이 써야 하는데 정신은 온통 방송대에 가 있었다. 그래서 남편과 한 약속이 있었다. 학생회 임원 맡지 말라는 것과 장학생이 되지 말라는 거였다. 학생회 임원을 맡게 되면 학교에 자주 쫓아다녀야 했고, 장학생이 되려면 공부에만 전념해야 하니 그냥 학점만 따라는 거였다. 장학생이 되면 책을 불살라 버리겠다고도 했다. 그렇게 하겠다고 했다. 그게 뭐 어려운 거라고…. 난 대학생이 되었는데….

그런데 새로운 세계를 만난 나의 잠자던 끼가 나를 가만두지 못했다. 임원을 맡지 않았지만 학교 행사는 다 참석했고, 장학생이 되지 않기로 했지만, 공부하다 보니 재미가 있었고 기말대비 시험을 쳐보니 점수가 잘 나왔다. 그래서 남편에게 사정을 해보았다.

"나 공부 조금만 더 하면 장학생 될 수 있을 것 같은데…."
"장학생 되면 안 될까?"

그제야 '알아서 하라.'라고 했다.

한 학기도 못되어 책을 불살라 버리겠다는 말을 바꾸게 만들었다. 대부분의 주부들이 이렇다. 뭔가 자기 자신을 위해 좀 해볼라치면 장애가 많다. 애들이 걸리고, 집안일이 걸리고, 하는 일이 걸리고, 거기다 남편이 제일 변수가 많다. 간혹 남편의 적극적인 지지를 받아 입학하게 되었다는 얘기를 들을 때면 그렇게 부러울 수가 없다. 본인이 아무리 하고 싶어도 여러 가지 제약 때문에 번번이 포기하고 마는 경우가 많다.

지금까지는 한 번도 나를 위해 도전을 하지 않았다. 방송대 입학도 궁극적인 목적은 학원강사 등록을 위한 전문학사 자격취득이었다. 나를 위한 목표이기보다는 일을 위한 선택의 의미가 더 컸다.

그다음으로 소위 '가방끈' 때문이었다. 누가 일부러 주지는 않지만 스스로는 늘 상처였다. 그래서 2년만 다니면 이 두 가지가 모두 해결되니 일단 입학하고 보자는 식이었다.

그렇게 자신했건만 장학생은 쉽지 않았다. 4년 동안 반액장학생 한 번, 수업료 면제 한 번이 고작이었다. 전액 장학생이 한 번 되긴 했지만 그건 성적우수 장학금이 아니라 임원 장학금이었다.

학생회 임원을 맡게 되면 학년당 적정 인원에게 전액 임원장학금을 준다. 4학년 때 대표였기에 그나마도 한 번밖에 못 받았다. 장학금을 받기 위해 졸업을 하지 않고 한 학기 유보할 수는 없었기에 말이다. 과락을 면하는 것만 해도 사실은 잘하는 거였다. 4년 동안 단 한 과목만 F를 맞았다. F도 좋은 경험이었다. F를 맞아봤기에 방송대 성적에 대해 논할 수 있노라고도 한다. 그렇지 않았다면 과락의 고충을 어찌 알겠는가? 계절 학기를 통해 한 달 동안 열심히 했지만 그다지 높은 점수를 받지는 못했다. 역시 방송대 성적의 문턱은 높고 높았다.

방송대에서의 계절학기란 F 학점 과목이나 B+ 이하 과목의 성적향상을 할 때 활용할 수 있는 제도다. 하계와 동계 일 년에 두 번 있는데 난이도는 기말시험보다 더 높다. 교양과목은 매학기 개설이 되지만 전공과목은 2~3년에 한 번씩 개설되기 때문에 전공과목을 우선으로 공부해야 학점관리에 수월하다. 학점 이수를 위한 일반대학의 계절학기와는 다르다.

첫 출석수업이었다. 인원이 많아 수업을 대강당에서 했다. 출석수업은 한 학기당 세 과목을 과목당 6시간씩 면대면 수업을 받고, 일주일 후 서술형으로 시험을 본다. 출석수업은 정말 매력이 있었다. 평소 온라인 강의만 듣다가 면대면 강의를 듣는 것도 좋았고, 같은 학년 학우들과 스터디 팀원들과 점심시간에 같이 근처 식당에서 밥 먹는 시간도 좋았다. 진정 내가 대학생이 되었음을 몸으로 느끼는 시간이었다.

　누가 시키지도 않았지만 3일간 출석수업의 지루함을 덜어주려 쉬는 시간에 나의 행동하는 열정이 있었다. 강당이라 잘 갖춰진 음향시설을 이용해 미리 음악을 준비해 와서 전체 동료 학우들과 율동을 했다. 처음 내가 이렇게 하겠다고 했을 때, 같은 팀원 중 말리는 사람이 있었다. 혹 따라 하지 않으면 내가 민망해하거나 상처받을까 봐서라고 했다. 걱정해주는 것은 고마웠지만 부딪혀보기로 했다. 사실 조금 걱정은 되었다. 그런데 의외였다. 지루하던 차에 잘되었다는 듯이 한바탕 왁자지껄했다. 정해진 율동 외에 간주가 나올 때면 막춤까지 이어졌다. 나의 깜짝 이벤트는 다음 해 큰 무대로 긴급 투입되는 계기가 되었다….

꿈을
위한
도전

그 이듬해였다. 드디어 1학년을 성공적으로 마치고 후배들을 맞는 입학식 날이었다. 작년에 내가 환영을 받았던 것처럼 이번엔 내가 환영의 대열에 섰다. 본관 정문에 서서 교육학과 피켓을 들고 신입생들이 입장할 때마다 큰소리로 인사를 한다.

"어서 오세요. 교육학과입니다. 환영합니다."

열심히 내 역할을 하고 있을 때였다. 갑자기 같은 학년 임원이 한 명 다가오더니

"언니, 언니 큰일 났어."
"왜?"
"얼른 2층으로 가자. 가면서 이야기해."

영문도 모르고 그를 따라나섰다. 불과 1층 현관에서 2층 강당으로 이동하는 순간 내가 2층에 가서 해야 할 일을 전달받았다. 강당에는 신·편입생들이 가득 앉아 있었고, 교육학과 O/T 진행을 해야 하는데 일정에 차질

이 생겨 지체가 예상되는 30분을 나보고 때워 달라는 거였다. 말하자면 나는 땜방 진행자였다.

대단히 난감했다. 내가 전문 레크리에이션 강사도 아니고 아무런 준비도 되지 않았기 때문이었다. 그런데 내가 학교행사 시 보여준 열정만으로 충분히 그 무대를 감당할 수 있겠다 싶어 나에게 제안했던 모양이었다. 그게 일종의 모험일 수도 있는데 말이다. 더욱 가관이었던 것은 그것을 내가 거절하지 않고 바로 수락했다는 거였다. 어디서 그런 용기와 자신감이 나왔는지 지금 생각해도 우습다.

무대 위에 섰다. 먼저 내가 전문적인 레크리에이션 강사가 아님을 밝혔다. 대타로 긴급 기용되었음도 밝혔다. 짧은 시간이지만 함께 협조해줄 수 있겠느냐는 멘트에 바로 박수가 나왔다. 대타였기에 호응해준 것 같았다. 지금 생각해도 순서 없이 왔다 갔다 했던 것도 같다. 노래도 불렀다가 손유희도 했다가, 준비 없이 무대에 선다는 것이 얼마나 힘들다는 것도 알게 되었다. 주위에 있는 도구를 모두 활용했다. 마침 강당에 있는 피아노를 치면서 개똥벌레를 합창했다. 객석에 있던 일부 선배들이 적극 참여하는 바람에 땜방 레크리에이션은 무난하게 지나갔다. 진땀이 났다.

2학년 1학기 기말을 앞둔 어느 날 학교에 튜터 오프라인 수업에 참석하게 되었다. 여성교육개론이 너무 어려운 과목이기도 했고 그 교수 과목은 시험도 어렵게 내기로 유명해 일명 '꽈배기 공장'이라는 별명이 있을 정도였다. 교수님이 지역대학 방문차 왔을 때 왜 그렇게 시험을 어렵게 내느냐고 질문을 했다.

'대학생인데 그 정도 공부는 해야 하지 않느냐.'라는 말씀을 하셨다. 그 후로는 어려운 과목도 고맙게 느껴졌다. 우린 대학생이니까…. 자랑스러운 방송대 학생이니까….

방송강의만으로 공부하기에 너무 어렵던 차에 여성교육개론 기말대비 오프수업이 있다는 걸 알고 지도대상이 아니었지만, 청강을 하게 되었다. 참석했더니 튜터선생님이 저를 알아보시고

"한경옥 샘은 튜터하면 잘할 것 같아요."라고 하는 것이 아닌가?
입학식날 나를 지켜보시고 그리 말씀하시는 거였다. 그날 수업 후 나는 혼란이 왔다. 튜터? 내가 튜터가 된다? 갑자기 가슴이 뛰기 시작했다. 1학년 때 튜터제도를 정확히 알지 못해 적극 활용하지 못했는데 그런 내가 튜터를 하면 잘하겠다고 하니….
집에 오자마자 공부할 생각은 않고 튜터에 대해 알아보기 시작했다. 늘 책자를 봐도 눈에 들어오지 않던 튜터제도가 이제 선명하게 들어오기 시작했다.

튜터가 되려면 석사학위가 있어야 했다. '그래, 튜터가 되자. 튜터가 되려면 대학원을 나와야 하니까 대학원에 가자.' 이렇게 마음을 먹는 순간 나는 대학원생이 된 듯한 장밋빛 미래를 가슴에 품게 되었다. 학비문제, 일문제 등을 전혀 고려하지 않은 채 말이다. 500만 원만 벌면 대학에 가겠다고 하고도 그 돈을 벌었을 때, 선뜻 갈 생각을 못했던 그때와는 달랐다.
튜터가 되겠다는 목표보다는 대학원에 가겠다는 공표를 하기 시작했다. 대학원진학이라는 목표 안에는 튜터가 되겠다는 확실한 목표가 숨어 있었기 때문이었다. 이렇게 내가 수업을 들었던 튜터선생님의 말 한마디에 나는 내 인생 터닝포인트가 되는 계기를 마련했다. 마흔일곱 살의 나이에 생애 첫 구체적인 나의 목표가 탄생하는 순간이었다.

학원강사 자격을 위해 2년만 다니겠다고 했던 계획이 바뀌어버렸다. 2년, 즉 70학점 이상 이수하면 졸업을 하지 않아도 전문학사 자격이 주어

지기 때문에 그리 작정했던 것이 슬그머니 방향을 틀어버렸다. 막상 입학하고 보니 그동안 난 우물 안 개구리였다. 집, 학원, 집, 학원만 반복적으로 왕래하며 그 속에서 열정을 다해 지냈고 그게 전부인 줄 알았다. 그런데 방송대 입학을 하고 보니 넓은 세계가 눈으로 보였다. 너무나 많은 사람이 다양한 세계에서 활동하고 있는 모습들이 눈에 들어왔다. 내가 그동안 보지 못했던 세계들이 막 보였다. 그렇게 다양한 세계를 경험하며 학교생활을 열심히 할 때 누군가 나에게 뚜렷한 목표를 제시해 주었다. 또 한 번 다른 사람의 말에 의해서 내 인생의 목표가 명확해지는 순간이었다. 첫 번째는 직장상사로부터 야단을 맞으면서 그 반발로 나의 진로를 바꾼 계기가 되었고, 두 번째는 튜터선생님으로부터의 칭찬을 통해 가슴 뛰는 진로 방향을 설정하게 되었다.

3학년이 되었다. 2학년 때까지는 잘 버텼다. 학생회에서 매년 임원을 맡아달라고 콜이 왔지만 계속 거절했다. 하지만 학교행사는 변함없이 무조건 참석했다. 3학년이 되니 더욱 간절한 요청이 왔다. 정 시간이 없으면 일 년에 한 번 도장만 찍으면 되는 감사라도 맡아달라고 했다. 더는 거절할 수가 없어 수락했다. 그런데 일 년에 도장을 한 번만 찍기로 한 감사가 당해 학생회장 다음으로 제일 일을 많이 했다. 당시 상황으론 그럴 수밖에 없는 입장이었다. 일을 많이 한다는 것은 적극적으로 협조를 하고 참여를 해준다는 뜻이었다. 어느 조직이든지 사람이 여럿 모이다 보면 의견 대립이 있기 마련인데 그것 때문에 힘들어할 때, 반론을 제기하고 따지기보다는 묵묵히 많은 인원을 동원해가며 참석을 해줬다. 당시 학생회장이 그것을 두고두고 고마워했다. 그 고마움은 후일 다른 분에게 나를 추천해 주는 사례도 있었다. 신·편입생 O/T 사회를 시작으로, 교육인의 밤 2부 행사 진행을 두 해나 맡았고, 크고 작은 행사에 다 참여를 했다.

그토록 쳐다볼 수 없었던 졸업반인 4학년이 되었다. 나의 활동성 때문에 학생회장을 적극 추천하고 권유했지만 한 달에 한 번 전국학생회장 회의에 참석해야 하고 총학생회 활동 등 활동범위가 너무 넓어 사양했다. 학생회 활동을 안 해도 공부 때문에 학원이 뒷전이었는데 임원까지 맡게 되면 더 소홀해질 것 같았다. 그리고 학원에는 안전사고가 가끔씩 있다. 그럴 때면 즉각적으로 대처해야 하는데 강사들에게만 맡기고 자리를 비우려니 안심이 안 되어 비울 수가 없었다. 실제로 그런 일들이 몇 번 있었다.

결국, 학생회장 대신 학년 대표를 맡게 되었고 임원을 맡지 않기로 한 남편과의 약속도 지키지 못했지만, 졸업반이 되었으니 어쩌겠는가?

대표의 역할은 많았다. 우선은 당시 인원이 100여 명이나 되었고 4학년이 되어도 여전히 학교 시스템이 익숙하지 않은 학우들을 위해 문자 안내 등 학교나 학과 행사나 시험 일정 등의 안내를 해야 했다.

꼭 해야 한다는 규정은 없었지만, 한 명이라도 포기하지 말고 같이 갔으면 하는 바람의 봉사차원이었다. 대표가 되기 전 휴대폰 요금이 2만 원 선이었던 것이 대표가 되고 나니 요금이 7~8만 원이나 나왔다. 미리 스터디 팀장 등 학년 임원들의 자리를 마련하여 학과행사에 협조를 부탁했더니 다들 너무 잘 따라줬다. 멋진 팀워크이었다. 행사 때마다 20~30여 명의 학우가 참석해 분위기를 살려주었다.

대표를 하면서 가장 보람이 있었던 것은 본대 교수의 출석수업 유치였다. 대표의 역할로 좌지우지되는 건 아니었지만, 이왕이면 교수회의 때 울산 학우들의 간절한 바람을 좀 반영해 주었으면 하는 마음으로 학기 초부터 물밑작업에 들어갔다. 물밑작업이라야 전화로 우리의 의사전달이 전부였지만 진심은 통한다고 믿었기 때문에 간절함을 담아 몇 차례 전화를 드렸다.

출석수업은 이왕이면 본대 교수의 수업을 직접 듣는 것이 방송대 학생들의 로망이다. 그런데 해마다 다른 학년은 꼭 한 차례씩 본대 교수의 출석수업이 있었는데 우리 학년만은 졸업반이 되었는데도 한 번도 없었다. 학과장님께 전화를 드려 대표인 나의 바람이자 100여 명 학우의 소망을 전달했다. 당시 KTX도 없었고 서울에서 울산으로 이동하기가 쉽지 않기도 하긴 했다. 장거리 수업에 와달라는 부탁이 송구스러웠지만 그래도 본대 교수의 수업을 들을 수 있는 영광을 누리고 싶었다.

그런데 출석수업 시간표가 발표되고 나서 깜짝 놀랐다. 4학년으로 부탁을 했는데 본대 교수 수업이 3학년에 배정되어 있었던 것이다. 울기는 4학년이 울었는데 젖은 3학년이 먹게 된 셈이다. 이미 학교공지가 된 사항이긴 하지만 아쉬움을 전하고자 다시 학과장님께 전화를 드렸다. 어떤 조치를 바란다는 게 아니라 난 그냥 그런 상황만 설명해 드렸는데, 다음날 우리 학년으로 정정공지가 떴다. '와우!' 그때의 기분이란? 날아갈 것만 같았다. 바로 단체문자를 보냈다. '고맙다', '최고다', '역시~!' 등의 답 문자가 쇄도했다. 아마도 당시 같은 과목이 3, 4학년 동시에 개설이 되어 있어서 착오가 있었던 것 같았다. 그러나 울지 않았으면 그대로 진행되었을 건 뻔한 사실을 울어서 얻어냈다. 옛 속담이 그르지 않았다.

계속
전진하라

하반기가 되자 본격적으로 대학원에 대해 알아보기 시작했다. 주위에 조언해 줄 만한 사람을 찾아서 상담했다. 일단은 방송대 대학원에 갈 생각을 했다. 학비가 싸다는 게 가장 큰 이유였고 시간활용을 할 수 있다는 거였다.

그러던 중 방송대 출석수업을 자주 오시는 동의대 교수와 4학년 학우들의 등산모임을 가졌다. 우리 동기 중 대학원진학을 할 친구들이 여럿 있어 함께 상담해볼 요량이었다. 마침 동의대의 장학제도를 안내받게 되었고 부산대와 등록금이 같다는 걸 알게 되어 동의대에 가기로 결정했다. 마침 동기 5명이 한꺼번에 접수했고 면접을 봤다. 방송대 갈 때만 해도 꿈만 같았는데 내가 오프라인 대학 캠퍼스에 발을 디딘다는 사실이 감격이었다. 면접 후 합격통보를 받고 나서야 본격적으로 걱정되기 시작했다. 막상 3학년 때부터 튜터가 되기 위해 대학원에 간다고 주변에 알리고는 했지만, 학비에 대한 준비가 되었던 것은 아니었다. 당시 딸내미가 유학준비를 하고 있었기 때문에 더욱 걱정이었다. 그래서 남편에게 1년만 늦추겠다고 얘기했더니 안 된다며 그냥 밀어붙여야 한다고 했다. 지금 생각해도 그때 멈추었으면 어쩌면 못했을지도 모를 일이었다.

입학결정을 하고 나니 등록금이 문제였다. 첫 등록금 준비도 없이 대학원에 가겠다고 했던 나 자신이 어찌 보면 무모한 짓이었을지도 몰랐다…. 대책도 없었다. 열심히 뛰면 되겠지 싶었다. 남편 말마따나 그냥 밀어붙여 보자는 식이었다. 어찌하면 되겠지 하는 대책도 없는 긍정이었다.

결국, 당장 등록금부터 해결해야 해서 궁리 끝에 친구들의 모임에 적금을 넣고 있던 것이 있어서 미안함을 무릅쓰며 깨고 나머지는 등록금 납부일을 기준으로 하여 입금될 과외비까지 합하여 겨우 등록금액을 맞추어 놓은 상태였다. 그런데 마감일이 다 되어 가는데 평소 같으면 미리 주던 과외비가 입금이 안 되는 거였다. 피가 바짝바짝 말랐다. 며칠 신경을 온통 곤두세웠다. 열심히 살았는데 남들에게 흔한 돈이 내게는 왜 이렇게 피를 말리게 하는지…. 누구를 원망할 수도 없었다. 짜임새 있는 가정 경제를 운영하지 못한 본인의 잘못이 더 큰 것을…. 어쨌든 내 안에서 해결하려고 했지 가까운 가족이나 지인들에게 도움을 요청할 생각은 전혀 하지 않았다. 그 와중에도 1년 늦추어 볼 생각은 했지만, 포기는 전혀 생각해 보지 않았다.

학원비가 장기 미납일 때 학원비 납부요청을 하면 '며칠 내로 맞추어 주겠다.'라고 하던 학부모의 말을 그때는 이해가 되지 않았다. '그냥 주면 되지 뭘 맞추어주나?' 이런 생각을 했었다. 대학원 등록금을 마련하면서 '맞춘다.'라는 의미를 비로소 알게 되었다.

결국, 마감일에 겨우 맞추어 납부하고 나서야 한숨을 돌렸다. 드디어 내가 대학원생이 되는구나. 고졸학력이 늘 마음의 쇠사슬과도 같이 나를 묶고 있었는데 방송대 졸업으로 이미 풀리고도 남았지만 상상도 못했던 대학원에 가다니! 이건 기적이었다. 앞으로의 등록금은 걱정 밖이었다. 어쨌든 등록을 했고 나는 대학원생이 된 것이다.

기쁨도 잠시 그만 병이 났다. 신경을 너무 쓴 탓인지 음식만 먹으면 토를 했다. 온종일 기운도 없고 먹기만 하면 토를 했다. 수업에 가야 하는데…. 일을 해야 하는데…. 우선 주사라도 맞고 수업을 가야지 싶어 병원엘 갔다. 그런데 주사를 얼마나 세게 처방했는지 머리가 빙빙 돌고 어지러워 앉아 있을 수가 없었다. 수업도 취소하고 자리에 드러누웠다.

역류성 식도염이었다. 역류성 식도염은 치료에 첫 일주일간은 헬리코박터균 치료제가 들어 있어 그 약을 먹으면 종일 입에서 쓴맛이 났다. 잠시 그러다 마는 것이 아니라 온종일이었다. 약간 쓴 정도가 아니라 엄청나게 썼다. 치료도 좋지만 약 때문에 더 힘들었다. 더 이상 토는 없었지만, 일주일 동안 약과의 씨름으로 견디기가 힘들었다. 자극성 있는 음식을 피하라 해서 좋아하는 커피도 끊어야 했다. 입에 사탕을 달고 다니며 견뎠다. 사탕맛이 떨어지면 곧바로 쓴맛이 올라왔다. 토하지 않는 것만 해도 다행이라 여겼다. 최악의 상황에도 난 늘 자신을 위안한다. 이만하길 다행이다. 약으로 치료될 수 있으니 이 얼마나 다행인가? 긍정으로 자신을 위로하며 또다시 씩씩하게 일터로 다녔다.

등록금 때문에 신경 쓴 이유도 있긴 했지만, 근본적인 것은 그동안 불규칙한 식사가 원인이었다. 과외를 하다 보면 제때 식사를 못하기가 일쑤이다. 이동시간이 고작 20분 여유밖에 두지 않고 수업시간을 잡기 때문에 운전하면서 김밥을 먹는 경우가 많다. 그렇게 많이 먹었던 김밥의 기억 때문에 지금도 웬만하면 안 먹고 싶은 음식 1위가 김밥이다. 급하게 먹다 보니 자주 체하게 되고 소화가 제대로 되지 않는 상태가 되기도 했다. 김밥이 먹기 싫은 날은 늦은 저녁 귀가해 밥을 먹고는 바로 잠자리에 들기도 했다. 학원을 운영하면서 규칙적인 식사를 할 때는 없던 증상들이었다. 자주 메스꺼운 증상이 있었지만, 검사해 볼 생각은 하지 않고 정확한 진단 없이 약만 지어 먹고 지내다가 결국 탈이 나버렸다.

메스꺼운 증상이 있을 때는 전날 먹은 음식을 의심했다. 경우에 따라서는 병원에 가지도 않고 나 혼자 진단하고 스스로 '괜찮겠지.'로 처방하기도 했다. 병원에 가서도 전날 먹은 음식을 이야기하니 의사는 내가 얘기한 것에 근거해 식중독이라는 진단을 내렸다. 진짜 원인은 다른 곳에 있었는데 말이다. 한번 발병한 식도염은 쉽게 없어지지 않았다. 그 후 위내시경을 하였고, 위염약을 징그러울 정도로 받아와 한동안 계속 먹었다. 약을 먹다 괜찮다 싶어 약을 끊으면 또 메스꺼운 증상이 나를 괴롭혔다. 최근에야 그런 증상이 없어졌지만, 여전히 조심하고 있다.

대학원 가는 날은 그리 신이 날 수 없었다. 월, 목 이틀을 학교에 갔는데 월요일은 방과 후 수업이 있는 날이라 학교 수업을 마치는 즉시 갔고, 목요일은 초등 과외 한 타임을 하고 출발했다. 울산에서 5명이 같이 입학하게 되어 카풀을 했다. 순서대로 당번을 정하고 지정된 장소에 모여 출발했다. 오가는 시간에 나누는 이야기도 즐거웠고, 학교에 도착하여 교내 식당에서 식권을 사서 먹는 밥도 즐거웠다. 무엇보다 젊은 에너지들이 뭉쳐있는 캠퍼스에 일주일 중 이틀을 간다는 거였다. 내가 원해서 하는 거라 늦은 저녁 수업도 재밌었다. 과제와 매주 써야 하는 아티클은 주말 나들이를 방해했지만 그래도 그건 즐거운 비명이었다.

첫 등록금을 어렵게 납부하였기에 대책 없었던 대책을 이제 세워야 했다. 또다시 신경 쓰느라 역류성 식도염이 재발하지 않도록 하기 위해서라도 말이다. 내게 수입이 될 수 있는 것은 방과 후 강사료와 과외비밖에 없었다. 그렇다고 남는 시간에 알바를 할 수도 없고….
남은 4개 학기 나의 등록금, 그리고 딸내미 유학비….
그런데 신기했다. 어렵게 첫 등록금을 마련하고 나니 일이 더 많아졌다. 돈을 벌어야 한다는 간절함 때문일까? 나의 간절함은 과외를 늘리는 건데 학부모의 소개로 과외가 더 들어왔다. 일주일 네 번 방과 후 학교 가는 시간과 대학원 가는 시간을 제외한 오후 시간은 모두 과외 수업으로 채워졌다. 특히 토요일은 하루 10시간씩 수업을 했다. 휴식이라고는 20분씩 이동시간이 전부였다. 하루 10시간 지금 생각하면 끔찍하지만, 그때는 해야만 했다.

나의 학비도 학비지만 딸내미 생활비를 보내줘야 하기 때문이기도 했다. 그리고 방학 때는 수업횟수를 늘리는 방법으로 진행했다. 그랬더니 평소 내게 들어오던 수입 외에 다음 학기 등록금이 고스란히 해결되었다. 그렇게 2년 반을 보냈다. 다른 생각은 할 수 없었다. 계속 앞을 향해 전진하고 또 전진하는 방법밖엔 없었다. 가족을 위하는 것이기도 했지만 나를 위한 전진이었다.

2014년 8월 드디어 석사학위를 받았다. 앞만 보고 계속 전진한 결과였다. 남들은 논문을 쓰느냐 마느냐가 고민일 때 애초부터 그런 고민을 하지 않았다. 처음부터 논문을 쓰겠다고 생각했기에 3학기 차부터 준비했다. 미리부터 준비한 결과 남들은 '토 나온다.'라고 하는 과정에 쫓기지 않고 쓰니 즐기면서 쓸 수 있었다. 지도교수의 세심한 지도도 한몫했다. 부족함이 많은 늦깎이 학생에게 정성을 다해 지도해 주셨다. 논문을 쓰면서 비로소 '불역열호'를 실감했다. 방송대 입학부터 대학원의 과정이 '학이시습지'였다면, 논문 쓰는 과정은 '불역열호'였다. 그런 기분으로 진행을 했다. 내가 뭔가 하나를 완성해 나간다는 것이 그런 마음을 들게 했다. 하지만 여전히 학문적으로 부족한 것은 마찬가지다.

통계를 돌릴 때였다. 코딩과정에서 잘못 입력된 단 한 명이 있었다. 다른 통계에서는 그 수치가 결과에 미치지 않아 그동안 쭉 진행을 하면서도 체크가 되지 않았다. 한 가지 통계를 집계해내기 위해서는 한나절 동안 일일이 내가 필요한 결과물을 출력하고 그 자료들을 수작업으로 집계해야 했다. 그런데 한나절이나 걸린 작업이 집계하는 과정에서 단 한 명 것이 잘못 입력된 결과가 나오는 것을 발견했다. 순간 멘붕이 왔다. 그대로 가느냐, 정정하느냐, 짧은 순간 갈등을 겪었다. 한 명이었지만 수치에 영향이 있었다. 사실 그대로 진행해도 아무도 모를 일이긴 했다. 그런데 그럴 수 없었다. 한나절이나 작업하고 출력한 자료들을 폐기처분을 하고 코딩을 정정한 다음에 통계를 돌렸다. 마음이 편안했다. 만약 그대로 진행했다면 두고두고 양심에 찔릴 뻔했다. 이것이 연구자의 윤리였다.

심사 후 수정본을 심사 교수님께 도장을 받으러 갈 때였다. 미리 시간약속을 했었고, 여유 있게 출발했는데 학교 인근 백양터널 안에 갇히게 되었다. 음료수병을 싣고 가던 차량이 미끄러지면서 음료수병이 터널 안에 쏟아져 버린 것이었다. 오도 가도 못할 상황이 되어 버렸다. 그것도 터널 안에서, 사고 현장이 눈앞에 보이지 않는 상황에선 더 답답했다.

나와의 미팅 후 바로 외부로 나가야 하는 중요한 일정이 있다고 했는데…. 빨리 수습이 끝나기를 기다렸지만, 시간은 자꾸 지체되었다. 일단 문자는 드렸지만 안절부절못했다.

도장을 받고 제출해야 하는 마감 날이었다. 한 시간이 훨씬 지난 뒤 학교에 도착했다. 일정을 미루고 나를 기다리고 계셨다. 더 없이 감사했다. 중요한 일정을 미루고 기다려 줄 정도로 늦깎이 학생들을 위해 배려해 주셨다. 덕분에 난 또 전진할 수 있었다.

튜터가
되다

방송대는 학사 및 학습을 도와주는 다양한 제도가 있다. 선배들로 구성된 멘토링이 있고 튜터제도가 있다. 그중 튜터는 신·편입생들의 학교 적응을 도와주고 학습안내를 해주는 일종의 담임선생님이다. 튜터사이트에 학습자료 등 다양한 정보를 올려주고 전공과목 오프라인 수업도 해준다. 1학년 때는 그 제도를 내가 이용할 줄을 몰라 입학 시 배부된 〈대학생활 안내〉라는 책자를 통해 시스템을 익혀나갔다. 책을 수도 없이 '펼쳤다', '덮었다'를 반복하며 익숙하지 않은 용어들과 시스템을 익혀나갔다. 튜터라는 좋은 제도가 있음에도 당연히 혼자서 해나가야 하는 줄로만 알았다. 더구나 컴퓨터가 익숙하지 않아 사이트에 접속한다는 것도 어려워했었던 게 이유이기도 했다. 당연히 누릴 권리라는 걸 몰랐기에 한심하게도 나는 혼자서 시스템에 대해 독학으로 익혀나갔다.

2015년 드디어 내 생애 최초의 꿈이었던 튜터가 되었다. 지원서류를 넣고 발표일까지 숨죽이며 지냈는데 발표일 하루 전 본대 교수로부터 연락을 받았다. 뜀박질을 몇 번을 했는지도 모르겠다. 내가 목표를 세웠고 그 목표를 위해 달려왔던 지난 시간들이 결과물로 눈앞에 펼쳐지는 영광스러운 순간이었다. 어떤 일이든 간에 누구에게나 목표는 중요하고 그 목표를 달성하는 순간의 기쁨은 본인만이 알 것이다.

튜터가 되기 위해 예정에도 없던 대학원에 다녔고 2년 6개월을 부산과 울산을 오가며 학문과 씨름을 했다. 길에 버려진 시간들도 많았다. 즐거움도 컸지만, 거기에 따른 부수적인 어려움이나 고충도 많았다. 그럼에도 그 고충들은 대학원생이라는 타이틀에 묻힐 수 있었고, 내 목표에 묻힐 수 있었던 것이다.

첫 학기 담당은 울산과 대구경북지역대학이었다. 튜터 수는 교육학과에만 당시 15명, 전체학과를 합치면 230여 명이 되었다. 학교 홈페이지 내에 하나의 별도 홈페이지가 튜터에게 주어졌다. 그곳에서 학생들이 알아야 할 공지사항과 학습자료 등을 올려주고 학교시스템을 익혀나갈 수 있도록 지도해준다.

물론 학교 홈페이지를 잘 활용하면 혼자서도 할 수 있지만, 오롯이 공부만 손에 잡고 하는 학생이 드물기에 여러 가지 방법으로 학습지원을 해주는 것이다. 첫 학기에 시스템적응이 안 되어 포기하는 사례들이 많다. 그런 점을 지원해주고, 온라인 학습에서 고독함을 해결해주고자 정서적 지지를 도와주는 아주 중요한 역할을 한다. 실제로 튜터 때문에 포기할 뻔한 공부를 포기하지 않고 졸업까지 가는 사례는 너무나도 많다.

서울본대에 가서 신입튜터 교육을 받고 나서 본격적인 튜터로서의 업무가 시작되었다. 튜터사이트 안내 문자가 나가자마자 첫날부터 전화통이 불이 났다. 200여 명에게 보낸 문자의 답이 우르르 쏟아지는데 그 순간의 감격을 잊지 못한다. 내가 더 바빠질지언정 '나의 손길을 필요로 하는 사람들이 이렇게 많구나.'를 생각하니 감격스러웠다. '튜터가 뭐냐?'라는 질문에서부터 컴퓨터가 능숙한 학생들은 진작부터 튜터의 역할을 알고 튜터에게 매달리기도 했다.

첫 오프수업 현장은 감동 그 자체다. 입학 후 대학생이 되어 좋기는 한데 뭐가 뭔지 몰라 얼떨떨해할 때 확실한 동기부여를 해주기 때문이다. 지역대학마다 지도학생의 90% 이상이 첫 오프수업 참석을 한다.

입학 동기를 들어보면 정말이지 각양각색이다. 관리소장 면접을 갔는데 고졸 학력이라 떨어져 속상해서 왔다는 등, 잘 나가는 강사였는데 학벌을 알고부터는 섭외가 안 오더라는 등, 오히려 교육담당자가 학벌을 올려서 소개하기도 하는 등, 정말 공부가 하고 싶었지만, 여건이 안 되어 못했다는 등, 10년은 벼르고 별러서 이제야 왔다는 등, 학벌지상주의의 한을 쏟아냈다.

공부가 한이 되었던 사람들이다. 공부하지 말라고 아무리 말려봤자 들을 학생들이 아니다. 한번 맛을 들여놓은 공부는 더 악착같이 매달리며 장학생이 되려 애쓴다. 이미 '학이시습지 불역열호'다….

또 어떤 학생은 자녀들의 학비 때문에 본인에게 돈을 투자할 수가 없어 임원장학금을 받기 위해 밤새 팔이 아프도록 손드는 연습을 했다고 하는 학생도 있었다. 신입 O/T 때는 서로 모르기 때문에 추천이 아니라 본인이 하겠다고 먼저 손을 든 사람에게 기회를 주었다. 대표를 맡게 되면 전액 장학생이 된다는 정보를 미리 알고 온 학생이었다. 결국, 맨 앞에 앉아 신속하게 손을 들었고 대표가 되었다. 그 친구도 잘나가는 레크리에이션 강사였지만 학벌에 의한 강사료 차등 때문에 늘 속상해서 입학하게 되었다고 했다.

그럼에도 공부보다는 건강이 우선임을 강조한다. 국립대라서 등록금이 일반대학의 10분의 1밖에 되지 않으니 이미 모두가 장학생이나 다름없다며 공부를 즐기면서 하라고 한다.

성인학습자일수록 공부하느라 너무 애쓰다 보면 건강을 해칠 우려가 있기 때문에 오프라인 수업을 갈 때마다 늘 강조한다. 공부는 '설렁설렁'하라고 복창을 시킨다. 그렇다고 공부를 등한시하라는 얘기는 아니고 과락 면할 정도만 하되 그 외의 시간은 학교나 학생회 활동에 참여하기를 권한다. 그럼에도 학생들은 악착같이 공부한다. 그렇게 하고 싶었던 공부였기 때문이라고 한다.

첫 학기 동안 튜터사이트 운영은 내 마음 같지 않았다. 학생들을 사이트에 방문을 많이 하도록 해야 하는데 무엇 때문인지 다른 튜터사이트는 활발한데 나는 그렇지 못해서 속상했다.

그러던 것이 2학기 차가 되면서 사정은 달랐다. 나도 노하우가 생긴 셈이었다. 매주 월요일 자유게시판에 글을 올리고 일주일간 출석부를 운영하는데 이때의 댓글도 글쓰기 연습임을 강조하였더니 단순히 '다녀갑니다.'라는 출석체크 글이 아니라 각자의 일상을 적는 에세이가 되고 있었다. 출석체크 댓글도 일주일 평균 70개 이상, 많을 때는 100개도 넘었다. 그리고 전화는 밤낮을 가리지 않고 다 받았다. '얼마나 급하고 답답할까?'가 그 이유였다. 물론 튜터도 개인생활이 있는지라 늦은 시각이나 휴일에는 전화를 안 받아도 되지만 그렇게 생각하지 않았다.

학기가 끝나고 마지막 출석부에는 또 한 번 감동이 메아리친다. 학생들이 한 학기 동안 많은 도움을 받았다며 감사의 마음을 담아 글로 표현하고 있기 때문이었다. 오프라인에서 자주 만난 학생들도 있지만, 사정이 여의치 않아 온라인 지도만 받아온 경우라도 감사의 강도는 굉장했다. 학교에서 제도적으로 마련된 튜터가 학생들의 가려운 곳을 긁어주고 답답하고

급할 때 손을 내밀어 주는 가장 가까이에서 도와주는 사람이기 때문이다.

그동안 매학기 200여 명의 학생을 만났고 울산, 부산, 경남, 대구·경북 지역대학에, 창원과 포항 학습관까지 6개 지역을 맡아왔었다. 지역이 많을 때는 학교에서 정한 출장의 횟수가 초과하는 때도 있다. 그럴 땐 출장처리 없이 본인의 경비로 오프라인수업을 다녀오기도 한다.

튜터는 학습적인 부분뿐만 아니라 정서적 지지를 해주는 상담가 역할도 한다. 튜터사이트에는 1:1 상담방이 있어 남에게 이야기하기 싫은 내용들의 글을 올려 상담을 받기도 한다. 상담의 경우 댓글보다는 답글로 아주 길게 답을 해준다. 긴 글을 읽고 또다시 학생들은 힘을 낸다.

경우에 따라서는 이벤트성 문자도 자주 한다. 시험기간이 되면 저녁에 '열공 점호콜' 단체 문자를 보내면 바로 문자들이 쏟아진다. 콜! 콜! 콜…!

"어머, 졸다가 들켰네, 정신 차리고 다시 공부할게요. 콜!" 등 다양한 반응이 온다.

어떤 때는 '공부하고 있다' 1번, '지금부터 공부할 거다' 2번, '공부해야 하는데 도저히 머리에 안 들어온다' 3번 등으로 답하게 하여 다양한 방법으로 학생들의 학습의지를 자극한다.

제법 유명한 어느 강사의 글을 읽었다. 학교강의는 강사료가 많지 않지만 아는 분이 요청하면 거절하지 못하고 강의를 간다고 했다. 장거리일 경우 한 번 다녀올 때 왕복 톨게이트 비용과 주유비를 빼고 나면 '주머니 가득 보람만 남는다.'라고 했다. 우리도 그랬다. 공무원에 준하는 출장비에 가까운 곳이든 먼 곳이든 3시간 수업에 하루가 온전히 소요되지만, 보람은 말도 못하게 크다. 그렇기 때문에 열심히 다닌다. 다녀오고 나면 튜터사이트의 반응이 다르다. 자유게시판에 후기 글이 많이 올라오고, 그 글을 읽고 참석하지 않던 학생들까지 참석하게 되며 포기할까 하던 마음들이 오프라인 수업으로 튜터를 만나고 오면 새로운 동기부여를 받는다고들 했다. 유난히 정을 많이 표현하던 학생들이었다.

그리고 튜터이자 선배인 입장으로 지나온 시간들과 현재 하고 있는 일, 앞으로의 목표 등 튜터인 선생님이 한 걸음 한 걸음 성장해나가는 모습에 힘을 얻는다고 했다. 갈 때마다 새로운 에너지를 주고자 노력했다. 에너지를 주기도 했지만 받기도 한다.

요즘은 방송대에 꼭 학벌 때문에 오는 것만은 아니다. 자격증취득이나 제2의 인생설계를 위한 목적으로 오는 사람들도 많다. 실제 담당학생 중에는 대학에 강의를 나가면서 교육학 공부를 위해 입학한 사람도 있었다.

꿈을
실천하는
사람들 1

튜터를 하면서 많은 학생들을 만
났다. 대부분의 학생이 어려운 여건 속에서 공부하지만, 특히 기억나는 학
생이 몇 있다. 다음 글의 주인공인 학생은 세 자녀를 키우며 일과 학업을
병행하는 올해 4학년인 워킹맘이다. 그냥 일과 학업만 해도 힘든데 세 자
녀 중 둘째가 〈미토콘드리아 근병증〉이라는 희소병을 앓고 있다.

그 학생의 고충이 오죽하겠는가? 그러나 그 누구보다도 밝고 활발한 성
격에 학교와 학과에 열심히 하는 모습은 전혀 예상 밖이다. '씩씩하지 않으
면 우울증 걸려 죽을지도 모른다.', '많이 웃는 사람이 더 아픔이 많다.', '그
걸 표현하기 싫으니까 더 밝고 아무 일 없는 듯이 사는 거⋯.'라고 그 학생
은 말한다. 절친들은 그 학생이 얼마나 힘든지를 다 안다.

그럼에도 아픈 아이를 통해 오히려 배우는 게 더 많다고 하니 참으로
대단하고 생활력 강한 학생이다. 아기가 면역력이 약해 수시로 감기와
도 싸워야 하고 심해지지 않고 중환자실 안 들어가기만 해도 다행이라
고 한다. 24개월에 찾아온 병마, 아기는 벌써 11살이다. 둘째가 더 이상
나빠지지 않았으면 하고 기적이 있기를 빌어본다. 그 학생이 2015년에

썼던 오프라인 수업후기다.

튜터선생님의 첫 오프라인 수업이 있었습니다.

튜터선생님의 소개와 학우님들의 간단한 자기소개를 30초에서 1분 사이의 짧은 스피치 형식으로 발표, 그리고 〈평생교육론〉 3장의 알찬 강의가 있었습니다. 선생님의 수업은 너무나 알차고 재미있어서 강의시간 내내 졸기라도 하면 어쩌나 걱정했던 제 마음이 괜한 것임을 깨달았습니다.

세 강생이 키우면서 그중 아픈 둘째 아이 케어하며 하루하루 너무 많은 일 때문에 입학하고도 종종 '왜 이걸 시작했지?', '아! 공부를 계속해야 하나?' 등 심각한 고민을 하던 차에 오늘 튜터선생님의 수업과 많은 학우님들의 입학동기는 다시금 마음을 다잡는 데 많은 도움이 되었습니다. 비록 몸은 고되고 지치지만 강한 정신력으로 4년 동안 버텨 보렵니다.

우리 교육학과 학우님들도 동기부여가 제대로 되셨을 거라 생각이 되고요. 오늘 바빠서 참석 못하신 분들이 계신다면 다음 수업 땐 꼭 참석하시어 오늘 제가 느낀 이 설렘과 열정을 똑같이 느끼고 가져가셨으면 합니다. 지금까지 다크서클이 무릎까지 내려온 무늬만 부대표였습니다.

다음 오프라인 수업 때 설렘을 안고 또 뵙겠습니다.

아이고, 삭신이야….

튜터선생님의 두 번째 오프라인 수업에 다녀왔다. 오늘은 과제물 특강으로 '글쓰기에 대한 강의'였다. 기온 차가 큰 날씨에 둘째 녀석의 컨디션도 최악인데다가 오늘따라 신랑과 아이들 먹을 저녁도 일절 해두지 못한 상태라 발걸음이 무거웠다.

집에서 5분 거리의 학교로 들어서면서 비록 지는 해를 바라보며 등교하지만, 만학도의 가슴속에 이글거리는 태양은 동트는 아침 해의 그것에 결코 뒤지지 않음을 스스로 다짐하며 친구와 함께 강의실로 들어섰다. 앗싸 일등이다!

'수업받는 동안은 모두 잊고 강의에만 집중하자.'

모든 학우님들이 그런 내 마음과 같았을까. 수업 내내 두 눈은 반짝, 두 귀는 쫑긋….
그… 러… 나
선생님의 강의가 거의 끝나갈 무렵 둘째 녀석이 하고 있던 콧줄을 막둥이가 뽑아버렸다는 돌보미 선생님의 문자가 와 있었다. 둘째는 섭식이 어려워 콧줄을 하고 그 줄을 통해 죽을 먹어야 하는데…. 당장 녀석이 저녁을 거르게 되었다는 뜻이었다.
엄마만 콧줄을 다시 끼워줄 수 있는데…. 내가 얼른 가야 하는데….
백조가 우아한 자태를 뽐내기 위해 물속에서 두 다리는 사투를 벌이듯이 얼굴은 웃으며 선생님 강의를 듣고 있으나 발은 동동 구르며 얼른 수업이 끝나기만을 기다렸다.

드디어 선생님의 강의가 거의 끝나고 마지막 개요 작성 부분만 남게 되었다.
선생님은 저의 마음이라도 아는 듯이 '급한 일이 있으신 분은 먼저 가도 좋다.'라는 말씀을 하셨다. 정말 끝까지 남아서 듣고 싶은 마음은 간절하였으나 염치 불고하고 너무너무 죄송한 마음만 남긴 채 강의장을 빠져나왔다.

내일 둘째 먹일 죽을 사 들고 전속력으로 자동차 페달을 밟아 집으로 와보니 우리 둘째 공주는 힘든 숨을 할딱거리며 늦은 엄마를 원망하듯 바라보고 있었고, 신랑은 21개월 막둥이를 안고 예정시간보다 일찍 온 아내를 신기한 듯 그러나 반가이 쳐다보고, 매니큐어를 바른 채 지독한 냄새를 풍기며 자기 방에서 나온 큰딸은 엄마 몰래 바른 매니큐어 손을 황급히 뒤로 숨기며 애써 반가운 척을 했다.

…!

내 분신들을 바라보고 있으니 비로소 긴장이 풀리고 안도의 한숨이 쉬어졌다.

휴~~.

서너 시간 강의를 듣는 시간에도 이렇듯 변수가 생기는데 과연 나는 하루를 꼬박 잡아먹는 학과 행사나 심지어 1박 하는 행사에 발이라도 담글 수 있을지 심히 걱정되었다.

해야 할 것도, 하고 싶은 것도 참 많은 이 새벽에 과제물 안 하고 튜터수업 후기를 쓰고 있는 나… 일요일까지 두 과목 과제물 무조건 완료하기로 튜터선생님과 약속했는데…

'할 수 있겠지?'

참 많은 일이 있었던 지난 2주였습니다. 교수님들의 강의를 들으며 진정한 대학생이 된 느낌에 흠뻑 취했던 딱 하루, 이튿날은 둘째 강쥐를 중환자실에 보내고…. 그때부터 내 몸도 함께 아작이 나고…. 겨우겨우 버티며 출석수업을 마쳤습니다. 공부해야 하는데… 덜 마친 과제물을 끙끙대며 중환자실 면회를 오가면서 그냥 다 포기하고 싶어서 튜터선생님께 전화 드리니 포기하면 절대 안 된다고 하시며 만약 포기할 경우 대구까지 찾아올 거라고 하셨다. 뜨거운 격려와 위로를 해주신 선생님… 그런 무한한 격려 말씀에 힘입어 얼떨결에 과제물 두개 모두 제출했습니다.

이제 공부 좀 해야지 하고 마음먹었는데, 이번엔 막내가 고열로 입원하게 되면서 병원에선 검사란 검사는 다하며 애미 가슴을 찢어 놓는 의료진들 때문에 피눈물을 흘렸습니다. 그렇게 밤낮 막둥이 간호에 시험 전날까지 사투를 벌이고… 그러면서 시험은 이미 내 마음에서 멀리 떠나 보냈습니다.

'내 인생에 더 이상 공부는 없구나!' 체념하고 있을 때, 이런 내 마음을 가까이서 보기라도 한 듯 튜터선생님의 전화가 왔습니다. 행여 시험 치러 가지 않을까 염려되어 전화하신 것 같았습니다. 내가 '포기'라는 말을 꺼내자 안 된다고 하시며 '일단 시험이라도 보라.'라는 말씀이 있었습니다. 그래도 어떻게 그러냐며 시험 당일까지 마음을 정하지 못하다가, 어렵게 제출한 과제물도 아깝고, 수많은 내 지인들에게 당당히 공부한답시고 자랑했던 것도 생각나서 텅 빈 머리로라도 시험을 치르기로 마음을 먹었습니다.

아! 그런데 너무나 다행스럽게 글쓰기도, 평생교육론도, 교육의 이해도 출석수업 때 들은 내용들이 생생하게 생각이 나는 바람에 수월하게 치를 수 있었습니다. 물론 장학금을 기대하긴 어렵겠지만요. 어쨌든 많은 어려움을 이겨내며 출석시험을 치렀습니다.

　만약 우리 학우님들의 격려와 튜터선생님의 적극적인 이끌어 주심이 없었다면 전… 분명 깨끗이 포기했을 겁니다. 함께 위로해주고 이끌어주는 힘이 얼마나 큰 것인가를 이번에 다시 한 번 깨달았습니다.

　시험 치르고 쉬는 시간마다 눈 찡긋해가며 환한 미소로 응원을 해주신 학우님들….

　제가 다니는 성당에서는 보는 분마다 안아주시고 대신 울어주시고….

　아무튼, 혹독한 3~4월을 보냈고, 또 보내고 있습니다.

　잘 견뎌준 우리 막둥이와 지금도 잘 견뎌주고 있는 우리 둘째… 그리고 동생이 아플 때마다 엄마 바라기 하는 우리 첫째 딸내미가 있어 저는 오늘도 열심히 달립니다.

　아자! 아자!

　그리고 뭐니 뭐니해도 제일 고생한 저와 제 신랑에게 짝짝짝 아낌없는 격려의 박수를 쳐주고 싶습니다.

　제겐 정말로 정말로 힘들었던 2주….

　우리 학우님들도 그간 고생 많으셨습니다. 토닥토닥.

꿈을
실천하는
사람들 2

튜터 첫날부터 문자가 아닌 통화로 본인을 완전히 각인시킨 한 학생이 있었다. 컴퓨터 접속을 하면서 하나에서 열까지 일일이 전화를 하던 학생이었다. 전화를 못 받았을 경우 다시 전화를 걸면

"잠시만요." 하고 전화를 끊고 다시 걸어왔다. 이유는 '선생님 전화요금 올라갈까 봐.'였다고 했다. 튜터가 되면서 무제한으로 요금제를 바꾸어 요금 신경 안 써도 되고 바쁠 땐 빨리 통화하고 말았으면 싶었는데 그걸 그 학생은 알 리가 없었다.

그 학생은 입학 당시 62세 택시 운전기사였다. 중·고등학교를 검정고시로 졸업하고 당당한 시아버지가 되기 위해 입학을 했다고 했다. 대단한 열정이었다. 대구에 오프라인 수업을 갈 때마다 시간을 내어 동대구역까지 픽업을 온다. 담당 학생이 아닐 때도 그랬다. 3년 동안 대구에 수업을 갈 때마다 마중을 나왔다. 정말 고마운 학생이다. 본인도 건강이 안 좋으면서 나의 건강을 염려한다. 졸업할 때까지 지도를 해줘야 한다는 거였다. 어떻게 보면 의지하는 것 같지만 그렇지도 않다. 든든한 울타리로 여길 뿐 스스로 다 해낸다. 학습적인 부분은 스터디 팀원들에게 도움을 받는다. 도움받아도

미안하지 않을 만큼 역할을 한다. 그 역할이란 것은 바로 적극적인 참여다.

방송대 첫 학기에 제일 힘들어 하는 것이 바로 과제물이다. 공부에 손 놓은 지 오래된 성인 학습자가 대부분이기 때문에 컴퓨터 이용도 힘든데 다 과제물은 아주 넘기 힘든 높은 산이다.

그 학생에게도 고령이라 여차해서 과제물 때문에 포기할까 봐 미리 준비를 서둘렀다. 대구에 오프수업을 갈 때마다 과제물 준비과정을 체크했다. 처음에는 손 글씨로 적어서 왔다. 일일이 적기도 쉽지 않았을 것 같았다. 두 번째 오프라인 수업을 갔을 때는 컴퓨터로 치기는 했지만, 오타투성이에다가 내용구성도 엉망이고, 띄어쓰기는 전혀 되어있지 않았다.

어쨌든 떠듬떠듬 과제물을 무난히 해냈고 점수도 잘 받았다고 했다. 첫 학기 과제물을 무난히 넘기고 나면 대부분 학생은 조금 자신감이 붙는다. 그 학생에게서는 거의 날마다 전화가 오다시피 했다. 궁금한 것은 꼭 묻고 넘어가야 직성이 풀리는 성격이었다. 그러더니 2학기가 되니 전화가 안 오는 것이었다. 이상했다. 행여 학업을 포기하나 싶어 걱정되어서 전화했더니

"나도 이제 대학생인데 계속 선생님에게 의지하면 되나요?"였다.
혼자서 애써 보다가 정 안 되겠다 싶으면 전화가 왔다. 그렇게 나날이 성장해 나가더니 3학년 1학기 말이 되어 또 한 번 반가운 전화가 왔다.

"선생님 덕분에 과락이 하나도 없어요."라고 했다. 3학년 1학기 시험은 모두 패스란다. 대단한 학생이다. 시험은 본인이 치고, 공부도 본인이 했는데 그 공을 선생님에게 돌렸다.
다음은 심 학우의 이야기를 들은 대로 적어본다.

62세의 나이로 방송대 문을 두드렸다. 중·고등학교를 검정고시로 졸업하고 당당한 나로 살기 위한 몸부림의 선택이었다.

직업은 개인택시운전사이며 모범운전사다. 낮에는 일하고 쉬는 날이면 봉사활동을 많이 했다. 시간이 많다 보니 자연 저녁이면 늘 술을 마시게 되었고, 하루도 술을 안 마시는 날이 없었다. 스스로 알코올 중독자라고 여기고 술을 끊기 위해 상담소를 찾았다. 그랬더니 상담사가 중독자가 아니라며 다만 '알코올 의존증'이라 했다. 그래서 술을 끊는 방법을 물으니 상담사는 여러 가지 취미활동을 제안하던 중 "그럼 책 보이소." 라는 말을 했다. "책요?" 순간 머리에 스치는 것이 있었다. '그럼 검정고시나 함 해보까?' 마음에만 담고 있던 공부가 갑자기 생각이 났다고 했다.

상담사의 모친이 60세에 검정고시로 중학교 졸업장을 땄다는 얘기를 들려주었다. 당시 그의 나이 55세, '난 그동안 뭘 하고 있었나?' 뭔가 뒤통수를 한 대 얻어맞은 느낌을 받았다고 했다. 날마다 술에 절어 지냈던 모습이 부끄러워 혼이 났다고 했다. 상담소를 나오면서 그동안의 생활을 반성하며 술을 끊고 공부를 하기 시작했다.

공부에 대한 욕구는 마음속에 늘 있었지만, 엄두를 내지 못했다. 택시를 하기 전 회사생활을 했다고 했다. 초등학교 졸업이 부끄러워 중학교 중퇴라고 했더니 그의 성실함과 기술을 인정한지라 중학교 중퇴나 졸업이나 '거기서 거기다.'라며 중졸이라고 적는 걸 봤다고 했다. 그게 늘 마음에 걸렸다. 그러던 차에 상담사가 책을 보라는 한마디에 드디어 마음에 두고 있던 공부에 손을 대기 시작했다.

6개월 만에 중학교 과정을 끝내고 고등학교 과정 공부를 하고 있던 58세의 어느 날 갑자기 심장이 쪼여 오면서 아프기 시작했다. 그런 증상이 간혹 계속되었지만 그때마다 생수를 마셔가며 별거 아니라고 생각했다. 스스로 선파워임을 강조하고 '이 정도쯤이야.' 하면서 정신력으로 견뎌내고 있었다.

그러던 중 통증이 심해 병원엘 갔더니 '협심증'이라는 진단을 받았다. 그래서 심장을 확장시키는 시술을 받았고 계속하던 공부를 했었다. 시험은 두 번 떨어지고 세 번째 최종 합격을 했다.

고등학교 과정을 마치고 일과 봉사활동에만 전념하다가 2년 후, 내 나이 62살인데 남을 위해서가 아니라 '나에게도 봉사활동을 좀 하자.'라는 생각으로 방송대에 입학했다고 한다.
'나도 이제 대학생이다.'라며 그 기쁨은 이루 말할 수 없다고 했다. 컴퓨터 사용이 힘들었지만, 자식에게 묻기가 싫어 학교에, 혹은 동료학우에게, 튜터에게 수시로 물어가며 하나씩 익혀나갔고, 뭐든 최선을 다했다. 방송강의도 다른 사람이 한 번 들으면 두 번 듣고, 책도 두 번 세 번 반복해서 읽어가며 공부했다.

3학년이 되던 2017년 3월 25일 그날도 어김없이 봉사활동을 하러 갔다가 갑자기 걷기가 힘들었다고 했다. 평소에도 가슴이 쪼이며 가끔 아팠지만, 표시를 안 내고 졸업할 때까지는 견디려고 했다.

약이나 좀 세게 지어먹고 견뎌보려고 병원에 갔더니 심장부하검사를 해보자고 했다. 땀을 뻘뻘 흘리며 열심히 뛰었다. 심전도는 이미 멈추었다. 의사가 '안 아프냐?'라고 물었다. 약을 세게 짓기 위해 악착같이 뛰면서 '안 아프다.'라고 '컨디션이 아주 좋다.'라고 말했다. 그런데 10년 동안 3개월에 한 번씩 다니던 병원이고, 그동안 3번의 스텐트(Stent) 시술이 있었기에 의사는 환자의 상태를 아주 잘 알았다.

의사는 당장 수술을 하자고 했다. 안 된다고 하니(속으로 과제물 등이 걱정되어) 30분만 하면 된다고 하는 바람에 수술에 동의했는데 12시간이나 걸리는 대수술이었다.

한 시간이 하루 같았고 하루가 일주일 같았다. 몸이 아파 병원에 있으면서도 과제물과 시험걱정이 더 컸다. 일주일이 지났지만, 퇴원의 기미가 안 보였다. 의사에게 '시험 치러 가야 한다.'라고 하니 이 상황에서는 '나가면 죽는다.'라고 시험을 포기하라고 말했지만, 결국 2주 만에 퇴원을 하게 되었다. 퇴원 후, 휴학하라는 조언도 마다하고 과제물을 마무리해서 제출하고 시험도 잘 마쳤다.

그 어느 학생이라도 휴학을 하거나 학업을 관두겠다고 하면 일단은 말린다. 대부분은 힘들어서 포기하는 것이기 때문에 그럴 때 용기를 주는 한마디나 정서적 지지를 해주면 대부분은 포기하지 않고 학업을 계속해나간다. 그런데 이 학생에게는 튜터인 내가 휴학을 권했다. 튜터 3년 동안 유일하게 휴학을 권한 학생이다. 건강이 우선이기 때문이다.

1학년 때 과락 난 과목도 계절학기를 통해 하나하나 이수해 나가고 있고, 글을 쓰고 있는 지금은 4학년이다. 처음부터 6년 정도 여유 있게 기간을 잡았던 학생이다. 복잡한 방송대 시스템도 스스로 노력으로 파악해 나가고 하루 일과 중 규칙적으로 공부하는 시간을 정해놓고 그 시간엔 집에 가서 공부한다고 한다.

졸업 후 상담공부를 더 해보고 싶다는 욕심 있는 포부를 가진 늦깎이 학생이다. 나이 상관하지 않고 자식들 같은 나이 또래의 스터디 팀원들과도 잘 어울린다. 학교행사에도 적극적이다. 지금도 특유의 정감 있는 억양이 전화기 너머로 들려오는 듯하다.

'선생님, 아침 잡소았어예?'
'선생님, 수고하이세이~.'

꿈을
실천하는
사람들3

방송대 교육학과의 모토는 배남주 정신이다. 그건 다름 아닌 '배워서 남 주자'이다. 그 누구보다도 배남주 정신을 실천하는 학생이 있었는데 그는 박재훈이다. 워낙 기록을 많이 남긴 학생이고 이미 방송대에서도 유명세를 타는 학생이라 그는 실명을 허용했다. 전례 없는 '지식의 날개 8연승'과 평창올림픽 성화 봉송구미 57구간 주자, 28대 교육학과 학생회장, 평생교육프로그램 개발경진대회 2회 연속 수상 등 너무나 많은 타이틀을 가지고 있는 학생이었다.

울산에서 중학교 수학교사로 1년 반 재직하다가 아는 선배가 구미에서 학원을 하고 있었는데 당시 교사월급의 3배를 주겠다는 바람에 덜컥 학교를 관두고 구미로 이사를 했다. 막상 가서 보니 사정은 달랐다. '열심히 하면'이라는 단서가 있었는데 열심히 하기가 쉽지 않았다. 지도방법 등 스킬들이 달라서 처음부터 다시 시작하는 기분으로 지도하는 방법을 배워나갔다. 평소에도 건강이 좋지 않은 것에 대한 콤플렉스가 늘 있어서 집에서만 지내는 시간이 많아지다 보니 일상생활을 못할 정도로 우울증이 심해졌다. 거기다 밤늦게까지 수업을 하다 보니 사람들을 만날 시간이 없었다. 그래서 사람들을 만나는 생활을 하고자 방송대 입학을 하게 되었다.

당뇨합병증으로 인한 신장장애인으로 방송대 입학 직전부터 투석을 시작했다. 시력도 급격히 안 좋아져서 한쪽 눈은 실명선고까지 받은 상태였다. 장애인이 할 수 있는 것이 무엇일까를 늘 생각하던 차에 우선 자신의 무기력한 생활에 활력을 주기 위해 방송대에 오게 되었다.

입학 후 학생회 활동도 하고 사람도 많이 만나며 바쁘게 지내다 보니까 우울증은 많이 좋아졌다. 그동안 늘 부정적으로만 생각해오던 것들이 긍정적인 생각으로 바뀌었다. 병이 나고 나서 자신은 늘 쓸모없는 사람이라는 생각과 남에게 폐만 끼치는 사람인 줄 알았는데 나도 누군가에게 도움이 되는 사람이란 걸 알게 되었다.

정말이지 그는 많은 학우들에게 도움을 줬다. 1학년 대표를 맡으면서 자신의 공부보다는 다른 학우들을 위해 학습자료를 만들고 함께 이끌어가는 등대지기 역할을 했다. 스터디마다 다니며 교양과목 강의도 해주고 행여 포기하는 동료학우가 있을까 챙겨나갔다. 방송대는 이런 곳이다. 나 혼자 잘 먹고 잘 살겠다고 생각하는 학생은 별로 없다. 무조건 나누고 베푼다. 선배들의 베풂을 받았던 후배들이 또 다른 후배들을 위해 배웠던 것을 고스란히 나눈다. 나이는 달라도 같은 학과 같은 학우, 같은 방송대인이라는 이유만으로 그 무엇도 아끼지 않는다. 혼자서 하는 고독한 온라인 시스템 같지만, 결코 혼자가 아니다. 입학하게 되면 우선 스터디 가입을 하게 되고, 같은 학년 학우들이 있고 상위학년 선배들, 그리고 학생회가 조직적으로 움직이며 이들을 돕는 사이클로 진행된다.

처음 입학했을 때의 막연한 두려움도 혼자서는 힘들지만, 함께 가는 길이면 힘들지 않다. 간혹 직장일 등으로 스터디 가입이 어려운 학생들은 1:1 멘토링 제도가 있어 또한 도움을 받을 수 있고, 첫 학기는 튜터제도가 있어 무조건 튜터의 지도대로 학사일정을 따라가기만 하면 된다.

방송대는 졸업이 힘들다고 하지만 그렇지 않다. 혼자서 하면 그럴 수도 있겠지만 힘들고 포기하고 싶을 때 손잡아 주는 손길이 너무나 많이 있다.

방송대 다니기 전부터 구미 상록학교에 교육봉사를 하고 있었다. 상록학교는 중·고등학교 검정고시를 대비한 학생들이 수업을 받는 곳이다. 고등부 수학지도 봉사를 할 수 있는 사람이 많지 않기에 그는 그것만큼은 놓지 않고 계속해오고 있었다. 교육봉사를 한 지 1년 지나고 나서야 이 학생들이 방송대와 연결이 될 수 있겠다는 생각을 하게 되었다. 그래서 이 학생들을 위한 '나도 이젠 대학생'이라는 진로적성 프로그램을 기획하고 10회차에 이르는 프로그램을 진행하게 되었다.

튜터였던 나에게 프로그램 기획 당시 조언을 부탁하면서 요청한 특강도 다녀왔었다. 그렇게 진행된 프로그램으로 교육학과에서 주최하는 총장배 평생교육 프로그램개발 경진대회에 출전하게 되고, 전국에서 모여든 쟁쟁한 프로그램들을 물리치고 최우수상을 받게 되었다. 지역대학 예선을 거쳐 프로그램개발 경진대회 본선진출만 해도 졸업논문 면제 혜택이 있다. 거기다 이 프로그램 운영의 실제 대상자였던 학생들이 이듬해 방송대 교육학과에 10명이나 입학을 했다.

이들은 튜터 마지막 학기에 이 학생들의 담당이었는데 대구오프라인 수업 시 구미에서 항상 많은 인원이 참석할 만큼 그 누구보다도 열정적인 학생들이었다.

이듬해에도 그는 '그린 캠퍼스'라는 장애인 활동 프로그램으로 지자체에서 운영비를 지원받아가며 진행을 하고 그 결과물을 가지고 프로그램경진대회에서 최우수상을 받는 쾌거를 이루었다. 그뿐만 아니라 스터디 경진대회에 나가서도 수상을 하는 등 물론 노력한 결과였겠지만 참으로 상복이 많은 학생이었다.

교육학과에 와서 보니 이과 출신인 그에게 다른 사람에겐 없는 능력이 있다는 걸 알게 되었다.

그중 코딩능력이 뛰어났다. 이것저것 모으다 보면 하나의 프로그램이 만들어진다는 걸 알게 되고 해보니 안 되는 게 없다는 것이 눈으로 훤히 보이기 시작했다. 그런 능력들을 인정받고 나니 더 열심히 하게 되었다. 그는 나무를 보는 것이 아니라 숲을 보았다. 그러다 보니 학교 전체의 일을 봐주기 시작하면서 학교의 제도적인 것들도 꼼꼼히 살펴 그런 정보들을 나누는 과정에서 상담가의 능력도 생겼다. 장애장학금을 받을 수 있었기에 본인이 받을 임원장학금은 모두 다른 학우에게 양보하는 미덕도 발휘했다.

방송대방송국인 미디어랩에서 주최하는 '지식의 날개' 퀴즈왕 선발대회에 출전하여 사상 유례없이 8연승을 하였다. 8연승 상금이 천만 원이었다. 원래 상금이 그리 많지 않았고, 우승하게 되면 우승횟수에 따라 몇 개학기 차등 장학금을 주는 정도였다. 그런데 '지식의 날개'가 홍보 차원에서 8연승은 절대 안 나올 것을 예상하고 출판문화원에 후원광고를 부탁하고 광고를 하자마자 덜컥 8연승이 나와 버렸다. 미처 상금이 준비되지 않은 상황이라 2달 반이 지나서야 주최 측에서 상금을 마련하여 받게 된 에피소드도 있었다.

2연승 녹화 4일 전 장기이식센터에서 신장기증자가 나타났다고 신장수술 준비하라는 전화가 왔다. 한마음축제 3주 앞이라 모든 진행사항을 다른 사람에게 인계해놓고 기다렸다. 이 경우 3명이 동시에 신청하게 되며 수술대 위에 올라갈 때까지 누가 선정될지 아무도 모른다고 하였다.
그러나 최종 결과는 떨어졌다.

이식수술만 하면 더 이상 투석을 받지 않아도 되고 훨훨 날아다닐 것 같았고, '세상은 내 거다.' 싶었는데, 눈앞이 캄캄해지는 답답함과 아쉬움에 그 순간 태어나서 제일 많이 울었다고 했다.

신장투석은 1주일에 3번씩 받는다. 4시간에 걸친 치료를 받고 나면 엄청난 체력소모가 있다.

체력이 보통사람의 20%밖에 되지 않으며, 10km 뛰는 것보다 더 힘들다. 신장이식을 받기 전까지는 계속 견뎌내야 하는 게 그에겐 끊임없는 고통의 연속이다. 그런 육체적 고통을 매주 겪으면서도 배남주 정신을 몸소 실천한다. 진정 그는 의지의 한국인이자 훌륭한 방송대인이었다.

다른 사람들이 이렇게 위로를 해줬다. 본인의 의지는 아니지만, 신장을 다른 사람에게 양보 아닌 양보를 하게 되어 '지식의 날개 8연승'이라는 상을 하늘에서 주었노라고….

그럼에도 그는 방송대에서 찾은 자신의 존재감에 행복해한다. 본인보다는 나누는 삶에 더 열심이다. 후배이자 제자인 그가 존경스럽다. 얼른 그와 맞는 신장기증자가 나타나 훨훨 날 수 있었으면 하는 바람이다.

05

강사의
삶

나의
꿈은
현재진행형

나의 꿈은 아직도 진행 중이다. 뒤늦게 찾은 나의 꿈과 목표는 늘 나를 채찍질했다. 그냥 멈추지 않고 달렸다. 멈출 수도 없었다. 노랫말에도 있다. "다시 가라 하면 나는 못 가네." 나도 그렇다. 지금 다시 가라 하면 못 갈 것 같은 길이다. 처음 방송대 입학은 솔직히 나의 꿈은 아니었다. 학원강사 자격취득을 위한 생계의 전략이었다. 그런 생계의 전략으로 선택한 학업이 결국 나의 꿈으로 바뀌었고, 그 꿈은 분명하게 나의 길을 일러줬다. 그때부터 하나씩 그 꿈을 이룰 때마다 나의 꿈은 점점 더 커지기 시작했고 그렇게 이루어냈다.

꿈을 꾸니까 가능했다. 꿈을 꾸니 그 꿈의 그릇을 다시 키우게 되었고 키운 그릇에 다시 많은 걸 담을 수 있었다. 석사학위 취득 후 나는 목표했던 대로 쟁쟁한 경쟁률을 뚫고 당당히 튜터가 되었고, 3년의 기간 동안 한 번의 탈락도 없이 계속 재위촉이 되었다.

사람은 하나를 이루고 나면 또 하나를 욕심내게 마련이다. '쾌락적응'이라는 것이 있다. 사람이 어느 행복한 순간을 맞이하고 나면 그것에 쉽게 적응한다는 뜻이다. 즉, 적응하게 되면 여느 감정도 느끼지 못하게 되고 그 시점이 다시 0으로 바뀌어 그 지점이 시작점이 된다. 이를테면 0이 시작지점이고 100이 최고 행복지점으로 간주할 때, 50이 되면 무척 행복함을 느낀다. 하지만 이내 적응하여 그 지점은 다시 시작점이 되고 만다.

학원강사 자격을 위해 방송대를 2년만 다니고자 했었고, 나의 꿈 따위는 생각할 겨를도 없었다. 2년이 지났고 그 자격이 되었을 때, 나는 그때를 또 다른 시작점으로 새로이 나의 목표라는 것에 눈을 뜨기 시작했다. 바로 튜터였다. 학문을 위해서가 아니라 튜터가 되기 위해 대학원에 갔고, 튜터가 되었다. 튜터가 되고 나니 또 그때가 시작점이 되어 목표수정에 들어갔다. 그때부터는 목표의 범위가 넓어졌다. 그만큼 내 시야가 넓어졌다는 뜻이다. 이렇게 난 늘 나 스스로 쾌락적응 수준을 조절해왔다. 행복한 상태를 지속하기 위한 조절이 아니라 더 나은 목표를 향한 조절이었다.

학부모들이 상담 시 학벌을 물어오는 경우가 가끔 있다.

"선생님은 어느 학교를 나오셨나요?"
"○○여대요."

학부모는 만족해했고 그 학생은 입학했다. 그냥 묻지도 따지지도 않고 믿고 맡긴다는 학부모들이 있는가 하면 꼬치꼬치 묻고, 따지고, 학원 구석구석 둘러보며 이리저리 재는 학부모들도 있다.

난 강사의 학벌을 얘기했다. 학부모가 가고 나서 생각해보니 나에게 물은 질문이었을 수도 있겠다 싶었다. 대부분 학부모는 나에게 원장이라고 부르기 때문에 당연히 강사의 학벌을 묻는 걸로 생각됐다. 당시 나는 강사가 아니라 경영자였으니까 말이다.

나에게 묻는 말이었을 수도 있겠다 싶은 순간, 갑자기 얼굴이 화끈거렸다. 그래서 나도 당당히 대졸이라고 얘기할 수 있는 순간이 얼른 오기를 기다리며 운동화 끈을 매었다. 배움의 출발선에 섰다. 그렇게 시작했던 나의 배움은 100m 달리기가 아닌 장거리 마라톤이 되고 말았다. 이것을 나는 '꿈 달리기'라고 칭한다.

석사 마지막 학기 때 나는 또 다른 꿈을 꾸기 시작했다. 나중에 나이가 들어서까지 내가 할 수 있는 일이 뭘까?를 생각하게 되었고 그것은 '강사'라는 답이 나왔다. 우연한 기회에 TV에서 본 '스타특강쇼'에서 강사의 매력에 푹 빠지게 되었고 그때부터 강사를 위한 준비작업을 착착해 왔다. 한편으로는 석사논문을 쓰면서, 한편으로는 강사의 길을 준비했다. 두 마리 토끼를 같이 쫓고 있었던 것이다.

대학원진학 상담차 모 기관을 방문했을 때였다. 그분 역시 방송대 출신으로 당시 박사수료를 하고 대학강의도 나가고 있었다. 평소 SNS를 통해서만 알고 있던 분이었다. 나를 처음 보자마자 '딱, 교수스타일'이라고 하였다. 내 목표가 또다시 수정되는 순간이었다. 학원을 하면서 늘 정장을 입고 다니던 습관이 있어 다른 사람을 만날 때면 으레 그런 차림이었다. 아마도 내 모습에서 그리 풍겼는지 모르겠지만 어쨌든 그분이 나의 꿈을 또 흔들어놓았다.

역시나 다른 사람에 의해 내 꿈이 수정되고 이루어진 것이다. 꿈이 수정되는 순간 바로 목표설정에 들어갔다.

2015년 한 해 동안 튜터, 방과 후 강사, 과외선생, 대중강연강사, 교육컨설팅 대표 등 다섯 가지 일을 하면서 동시에 나의 꿈을 위해 또다시 박사과정에 입학했다. 총 여섯 가지 일을 한 셈이다. 하루 24시간이 부족했다. 튜터도 첫 학기라 무척 바빴고, 6개 지역대학 오프강의를 다니고 평소에는 홈페이지에서 학생들을 지도하며 상담했다. 일주일에 두 번은 부산 대학원에 다녔고, 휴일이면 과제를 하느라 주말에 바깥나들이라고는 하지 못했다. 그럴 즈음 본격적으로 강의가 들어오고 전국으로 강의를 다니게 되면서 방과 후 강사를 관뒀다. 아쉬웠지만 강의가 들어올 경우 학교수업 시간을 맞추기가 힘들었다. 처음에 몇 번 대강을 시키다가 눈치가 보여 그러질 못했다. 강의를 놓치기도 싫었고, 3년 6개월 하고 나니 내가 더 하고 싶은 것이 대중강연이었다. 강의준비를 위한 시간 소요는 많이 되었지만, 그 또한 내가 좋아하니 힘들지 않았다.

박사 4학기 차에는 일주일에 사흘 동안 수업을 받으러 갔다. 하루 세 시간 수업을 위하여 왕복 네 시간 소요 총 7시간이 소요되었다. 드디어 2017년 2월 박사과정 수료를 했다. 수료하고 나서는 강의와 튜터만 했다. 시간적인 여유는 있었지만, 논문 때문에 또다시 머리를 싸매야 했다. 석사논문은 그나마 수월하게 썼는데 박사논문은 그렇지 않았다. '주제 찾아 삼만리'였다. 지도교수를 만나러 갈 때면 얼마나 발걸음이 무겁던지…. 교수 앞에만 서면 한없이 낮아지는 자신을 발견하며 '그동안 헛공부했구나!'로 자책할 때도 잦았다. 나름 열심히 준비하여 갔지만 늘 부족한 논리에 충분히 답변을 못하니 실망하고 또 실망하고…. 스스로 자신감을 잃고 의욕이 상실되어 한 학기를 아예 손 놓아 버렸다. 그러다 또다시 나를 채찍질하며 매주 교수님을 찾아뵈었고 나보다 더 많은 고민을 해주시는 교수님 덕분에 2017년 12월 논문계획서 발표까지 마쳤다.

2008년 방송대 입학부터 달리기 시작한 나는 2017년 2월에 동의대 대학원 평생교육학과 박사수료까지 마쳤다. 2018년 2월 방송대 교육학과 실습지도교수로 위촉되었다. 거기다 2학기 〈평생교육실무론〉 출석수업을 맡아 울산과 경남지역대학에서 강의를 했다. 방송대에서 너무나 많은 것을 얻었다. 지금의 나는 방송대로 인해 얻어진 것이 대부분이라고 해도 과언이 아니다.

아직 자신의 꿈을 생각하지 못했던 주부들, 혹은 공부가 하고 싶은 성인들, '가방끈' 때문에 스트레스가 있었던 사람들에게 방송대를 권하고 싶다. 방송대는 내 인생을 바꾼 대학이다. 많은 사람들에게도 그들의 인생을 바꾸어 주고 있다.

나만 힘들다고 생각했는데 세상에는 나보다 더 힘든 사람이 더 많다는 것도 알게 되었다. 그 많은 사람 중에서 경쟁에 살아남으려면 얼마나 힘들까 싶지만, 세상은 원하는 사람에게 그 길을 내어준다. 간절히 원하면 그 길은 내 길이 된다. 나도 그랬다. 하나의 목표를 향해 달려가면서 일과 꿈의 끈을 놓지 않았기에 가능했다. 그러나 지금이 끝이 아니다. 앞으로도 계속 꿈을 꿀 것이고 계속 달릴 것이다.

"사람은 늙고 나이 들어 새로운 도전에 대한 꿈을 중단하는 것이 아니라, 새로운 도전에 대한 꿈을 접을 때 늙어 버린다고 한다."

나는 아직도 꿈을 꾼다. 〈Han's 연구소〉 책상 맞은편 벽엔 2018년의 목표가 20가지나 붙어있다. 이미 13가지를 이루었다, 아마도 나의 '꿈 달리기'는 앞으로도 계속될 것이다. 현재 박사학위 논문준비 중이다. 그리고 지금도 작가가 되기 위해 이렇게 글을 쓰고 있다. 내가 '꿈 달리기'를 멈추지 않는 이상 나는 계속 무언가를 이루어 낼 것이다. 아직도 하고 싶은 일이 너무도 많다. 하고 싶은 일이 있는 한 내 가슴은 늘 뛰고 있다.

성공을
위해
가는
여정

성공의 기준은 무엇일까? 돈이 많
은 것? 사회적 지위가 높은 것? 아직은 모르겠다. 하나의 목표가 생길 때마
다 배움으로 보낸 시간들이 많기에 남들이 말하는 성공의 기준도 나 자신
이 정한 성공의 기준도 없다. 내가 일과 학업으로 바쁘게 지낼 때 친구들은
열심히 문화생활에 해외여행을 다녔다. 난 그들이 부러웠지만, 그들은 날
부러워했다. 난 그들이 성공한 것으로 생각했지만, 그들은 내가 성공했다
고 한다.

목표가 하나씩 생길 때마다 난 그것을 이루었고, 이루고 나면 또 다른
목표가 생겼다. 이번에는 작가가 목표다. 지금 열심히 글을 쓰고 있는 것도
작가가 되기 위해서다. 어쩌면 하나의 목표가 달성되는 그 시점이 성공이
아닌가 생각도 해본다. 그렇다면 난 무수히 많은 성공을 한 셈이다. 하지만
난 아직 갈 길이 멀다. 하고 싶은 일도 많고 이루고 싶은 목표들이 많기 때
문이다. 그 목표들은 모두 나에게 성공을 가져다줄 것이다. 그러기 위해서
난 오늘도 뛴다.

그동안 쉼 없이 달려왔다. 법적으로 단 하루 백수였다. 늘 일과 함께 살

았다. 그 일은 노동이 아니라 나의 꿈과 관련된 일이었다. 근로기준법에 정하는 하루 근로시간은 8시간이지만, 난 하루 14시간에서 16시간이나 일한다. 누가 시키는 일이 아니니 가능하다.

아침이면 〈Han's 연구소〉로 출근한다. 그 연구소는 내 방의 이름이다. 이 방에서 나의 모든 작업들이 이루어진다. 집이 훌륭한 나의 연구소이자 사무실이다. 출퇴근 시간을 아낄 수 있어 좋고 임대료가 안 나가서 좋다. 방에 들어오면 출근이고 방을 나가면 퇴근이다. 이런 공간이 나는 매우 좋다.

학원이 망하고 나서 다시는 내가 가게를 얻어 무언가를 하는 것은 하지 않겠다고 다짐을 했다. 운영비 나가는 것이 지긋지긋했기 때문이다. 지금은 오히려 운영비가 나가지 않고도 강사로, 교육컨설팅대표로, 비영리 단체대표로 다양한 일을 하고 있다.

사람들이 사무실이 어디냐고 묻는다. 나는 없다고 당당히 말한다. 내가 하는 일이 굳이 사무실이 필요치 않다. 교육장이 필요할 때는 대관을 해서 쓰면 되고, 사무적인 일은 집에서도 얼마든지 가능하다. 꼭 사무실이 있어야만 한다는 고정관념을 깨고 있다.

학원을 할 때 얼른 돈을 벌어서 내 건물을 하나 가져야지 하는 마음속 꿈은 있었다. 언제나 그 꿈은 드러내지 않은 마음속 꿈이었다. 동네를 다니며 적당한 땅도 봐 났다. 복권을 사면 일주일이 행복하듯, 마음속 상상만으로도 한동안은 행복했다. 그곳을 지날 때마다 내 건물이 서 있는 느낌이 들었다. 그러나 마음속 꿈은 마음속에서만 머물 뿐이었다. 현실은 늘 현상유지만 하며 허덕이다 보니 어느 순간 마음속에 꾼 꿈조차 서서히 내 마음에서 밀려나 버렸다.

프리랜서 강사는 혼자서 강의만 뛸 수도 있겠지만 나는 나 혼자의 행복보다는 그 행복을 여럿이 나누기를 좋아한다. 강사가 되고자 했지만, 길을 몰라 헤매었던 긴 시간들을 나는 나누고 싶었다. 강사가 되기 위해 많은 과정을 거쳤다. 그리고 없는 형편에 많은 돈을 쏟아부어야 했다. 하나의 과정을 거치고 나면 또 하나의 과정이 기다리고 있었다. 뭐든 다 해야 할 것 같았다.

그런 강사과정들이 싫었다. 배워서 뿌듯함도 있었지만, 실망이 더 컸던 과정들도 있었다. 우선은 교육비가 제일 부담스러웠던 당시를 떠올리며 나는 지자체의 문을 두드렸다. 서류작업에 쌓이면서도 지원예산을 받아 무료교육을 교육생들에게 나누고 있다. 그렇게 양성된 강사들은 양성과정에서 끝나지 않는다. 끊임없이 역량강화를 위해 시범강의무대를 만들어주고 나의 경험과 열정들을 나눈다.

평생교육의 시작이 소외계층을 위한 교육에서부터 시작되었다. 교육은 받고 싶은데 비싼 수강료를 부담스러워 하는 주부들도 소외대상일 수 있다. 적은 생활비로 자신에게 맘대로 투자하지 못하는 그들에게 난 평생교육의 이념을 실천하고 있는 셈이다. 혼자가 아닌 함께 멀리 갈 수 있는 방법으로 날마다 발품을 판다.

오랜 학원생활과 '잘하기 프로젝트'에서 훈련되었기에 대중강연 강사로서 빨리 자리를 잡은 행운아이기도 했다. 초보강사는 재능기부부터 시작하는데 난 그러질 않았다. 강사가 되겠다고 마음먹고 준비하면서 동시에 영업전략을 폈기에 바로 유료강의를 시작했다. 첫 무대부터 100명이나 되는 주부대학 강의를 하게 되었다.

짧은 강의는 해보았지만, 본격적인 대중강연은 처음이라 의뢰가 왔을 때 할 수 있노라고 큰소리친 게 후회가 될 정도였다. 선배강사에게 조언을 구했다. 그분은 이미 자리를 잡아 내게 줄줄 쏟아 내주는 조언들을 난 하나도 주워담을 수 없었다. 담으려야 담을 수 없었다. 무슨 말을 하는지 귀에 들어오지 않았다. 어떻게 강의구성을 해야 할지 시간배분은 어찌해야 할지, 그동안 강사과정을 여럿 거쳤지만 그러한 부분들을 지도해 주는 곳도 없었다.

다행히 3개월이라는 시간의 여유가 있었다. 날이면 날마다 고민을 하고 스토리를 만들기 시작했다. 처음 하는 강의에 2시간짜리를 만들려고 하니 여간 힘든 게 아니었다. 그럼에도 선배강사는 나 정도면 충분히 할 수 있다고 용기와 격려를 해줬다. 전화를 끊고 나면 또다시 밀려오는 후회와 불안이 계속되었다. 스스로를 다독거리며 최면을 걸기 시작했다.

'할 수 있어!', '난 할 수 있어!'

대중 앞에 선 다양한 경험과 가르치는 일을 오랜 기간 했기 때문에 내가 잘할 거로 생각했는데 10분짜리 시연을 준비하면서 어김없이 그 기대가 무너졌다. 내가 잘한다고 생각하고 한 그건 강의가 아니라 프레젠테이션이었다. 비로소 강의가 쉽지 않구나!를 알게 되었다.

하지만 의뢰해준 분이 나의 시연장면을 봤기에 잘해서가 아니라 최소한 내가 버벅거리지 않을 거라는 믿음이 있기에 강의를 주었으리라는 것과 그동안 내 말발이 먹히던 우리 동네의 주부대학이라는 것에 희망을 품고 준비를 해 나갔다.

교육대상자가 누군지 아는 것은 굉장히 중요한 거였다. 그들의 정서를 알고 그들과 함께 지내온 시간들이 있었기에 그리 생각할 수 있었다. 그 후론 마음은 편해졌다. 날이면 날마다 하나의 작품을 위해 끊임없이 노트북을 켰다 끄기를 반복했다. 떨지 않을 수 있으니 그동안 내가 학부모들을 대했던 그런 마음으로 다가가리라 생각하고 스토리를 완성해 나갔다.

당일 강의장에 가기 위해 집에서 출발하려는데 갑자기 두근거리기 시작했다. 순간 '내가 왜 이러지?' 오래전 두려움을 극복한 이후에 없던 떨림이었다. 또다시 나에게 최면을 걸기 시작했다. '괜찮아, 잘할 수 있어.'라며 자신을 진정시켰다. 다행히 집에서 강의장까지 가는 동안 그 마음은 어느 정도 진정이 되어 강의장에 들어섰다. 일주일 전 다른 강사가 강의할 때 미리 가서 강의장의 분위기와 현장의 무대를 살펴보는 것도 잊지 않았다. 대부분 아는 사람들이라 한편으론 다행이고 한편으론 부담스러웠다. 행여 실수라도 하면 동네에 소문날 텐데….

혹 말이 꼬일까 봐 초반 멘트를 수도 없이 연습했다. 초반에 당황해 버리면 그다음은 불을 보듯 뻔한 결과가 아닌가? 강의장은 낯익은 사람들이 많이 눈에 띄었다. 학부모였던 사람, 이웃동네 사람, 오가며 눈으로 인사 나눴던 사람, 우리 학원에 강사로 있었던 사람도 있었다. 마치 친동생 보듯 흐뭇한 미소로 바라보는 교육생들을 마주하고 시작했다. 다행히 말이 하나도 안 꼬였다. 초반과 휴식 후 첫 시작을 노래와 율동으로 시작했다. 학원을 하면서 몸에 밴 율동인지라 그 세대들이 좋아할 만한 노래로 시작했더니 이미 따뜻한 미소를 보내고 있던 그들이 마음을 더 확 열어버렸다. 별 중요한 이야기도 아니지만, 그들이 들어보지 못했던 이야기들인지 열심히 적어가며 들어주었다. 종료 10분 전에 정확히 마치고 많은 박수를 받았다. 이튿날 그분들의 칭찬피드백은 언니의 감탄이 더해져서 내게 들려왔다. 첫 강의는 성공이었다. 너무너무 고마웠다.

이듬해에도 또 앙코르 강의요청이 들어왔고, 그 이듬해부터는 교육생 모집을 못 해 현재까지 개설되지 않고 있는 실정이다.

첫 강의를 성공적으로 끝내고 나니 자신감이 붙었다. 스스로가 대견했다. 그다음에는 자신 있게 여기저기 강의를 하노라고 떠들었다. 강의경력이 많지 않음에도 많은 것처럼 얘기했다. 이미 학원을 하는 걸 대부분 알아서인지 당연한 듯 여기는 것 같았다. 일명 '자랑질 법칙'이다. 내가 떠들지 않는 이상 다른 사람들은 내가 강의를 하는지 과외를 하는지 알 수가 없다.

당시 소속된 방과 후 학교에서는 재단소속 강사들을 위해 연 2회 연수를 한다. 소속강사들은 많고 다들 일을 해서 2주간 기간을 두고 몇 개의 프로그램으로 자신이 듣고 싶은 강의를 듣는다. 그 연수강의를 하게 해달라고 재단 사무실을 찾아갔다. 우수강사 수상을 한 경력 때문인지 돌봄교실 강사 연수와 방과 후 강사 연수강의를 각각 2회씩 요청해 주었다.

이 모든 게 강사로서 성공을 위해 가는 길이다. 강의초반 이런 질문을 던진다. '지금 여러분들은 어떤 무대를 원하십니까?' 자신이 성공한 무대를 상상하게끔 한다. 그런 다음 강사인 내가 원하는 무대도 보여 준다. 처음엔 그조차 익숙해져 있지 않아 아무런 상상도 못했다는 사람이 대부분이다. 강의 마지막에 또 같은 질문을 한다. 좀 더 구체화된 자신의 모습을 상상했다는 사람들이 있다. 난 또 초반과는 다른 장면의 무대를 보여준다. 제각기 성공의 기준은 다르지만, 자신이 성공이라고 생각하는 무대로 자신이 만들어 갔으면 좋겠다. 나는 강사이기에 강사로서 성공의 무대를 위해 지금도 달려가고 있다.

모든
삶의
과정은
디딤돌이
된다

사람은 하루에 약 5~6만 가지 생각한다고 한다. 그런데 그중 90%는 하지 않아도 될 생각들, 즉 쓸데없는 걱정들이다. 그렇게 걱정한다고 해결될 문제라면 6만 가지가 아니라 그 이상도 할 수 있다. 하지만 그렇지 못하다.

한 심리학자가 스트레스 해결법을 주제로 강연하러 강의장에 들어갔다. 심리학자의 한 손에 물이 반 컵 담긴 물컵을 들자 학생들은 '컵에 물이 반밖에 없네', 또는 '반이나 차있네.' 등의 시시콜콜한 질문이나 하겠지, 라고 생각했다. 그러나 심리학자는 웃는 얼굴로 "이 물컵의 무게는 얼마나 될까요?"라고 물었고 학생들은 각각 250~500g 사이라고 대답했다. 그러자 심리학자가 말했다.

"물의 무게는 중요하지 않습니다. 문제는 물컵을 얼마나 오랫동안 들고 있느냐입니다. 만약 물컵을 1분 동안 들고 있다면 별문제가 되지 않아요. 그러나 물컵을 1시간 동안 들고 있으면, 팔이 저리고 아파져 올 겁니다. 그리고 만약 물컵을 하루 종일 들고 있었다면 팔의 감각은 없어지고 제 팔은 마비가 될 것입니다. 각각 물컵을 들고 있는 시간이 다르지만, 물의 실제무게는 전혀 변하지 않는다는 것입니다."

그렇다. 사람들은 누구나 '물컵 내려놓기' 연습을 해야 한다. 사람들은 하지 않아도 될 걱정에 많은 시간을 허비하는 경우가 많다. 난 절대 긍정녀로 살아가기로 작정했기에 '물컵 내려놓기'가 수월했다. 내게 들어온 고민과 걱정은 그리 오래 머물지 않는다. 가능한 한 빨리 내려놓는다. 그건 마음먹기와 연습으로 가능해졌다. 길을 가다 걸림돌을 만나면 돌아서 가거나 그 돌을 디딤돌로 삼으면 그만이다.

나는 시골뜨기였다. 전설 같은 7남매 막내로 태어나 초등학교에 들어갈 때까지 나의 호적은 없었다. 당시 이장이었던 큰오빠는 면서기에게 나의 출생신고를 부탁했지만, 그 면서기는 잊어버리고 있었다. 큰 조카가 태어나 출생신고를 하는 과정에서 내가 없다는 것을 알게 되었다. 나라는 존재는 7년이나 늦게 세상에 등장했다. 그럼에도 많은 경험과 과정을 거쳐 현재 방송대 실습지도교수, 강사, 교육컨설팅 대표로 열심히 뛰고 있다.

세상에 없었던 존재감을 덤으로 사느라 지금 여러 가지 일을 하는지도 모르겠다. 의료사고로 목숨을 잃을 뻔했기에 살아있음이 소중하고, 학원을 망해 보았기에 일의 소중함과 돈의 가치를 안다.

그 무엇보다도 소중한 것은 사람과의 관계라는 것도 안다. 그다지 폭넓은 인간관계도 아니었고, 나의 일상에 지장을 주지 않는 범위만큼만 활동했는데 지금 내가 활동하고자 하는데 모두 도움을 준다. 내가 그다지 많이 나누었다고 생각하지 않았는데도 내가 받는 것은 늘 많았다.

지나고 보니 하나도 소중하지 않은 것이 없다. 꿈이 없던 시절도 지금 생각하면 그립고, 꿈이 생기고 목표가 생겼을 때 그 처절한 삶도 그립고 소중하다. 다시 하라면 결코 할 수 없는 그런 과정들을 거쳤기에 지금의 내가 있다.

난 지금도 일과 학습을 병행하고 있는 당당한 주부이자, CEO이자, 학생이자, 연구자이다. 많은 역할이 있지만, 지금의 역할들을 해내고 있는 열정이나 자신감은 학습으로 가능했다. 처음부터 타고난 사람들도 있겠지만 난 철저하게 소심하고 남 앞에 잘 나서질 못했다. 그런 내가 내면의 욕구를 밖으로 끄집어내는 순간부터 탄력을 받기 시작했다. 누구나 가지고 있는 열정은 다른 사람에 의해 자극을 받고, 그 자극을 통해 내게 변화된 모습으로 반복적으로 꾸준히 학습되어져 왔다. 그런 학습의 과정에서 끊임없이 나에게 자극된 사람들이 있었다. 한 번도 직접 만난 적은 없지만 난 그들의 모습을 보면서 언제나 달리고 또 달린다.

강사가 되고자 했을 때부터 내 인생의 롤모델이 두 사람 있었다. 한 사람은 〈전국노래자랑〉MC를 맡은 방송인 송해다. 그는 특유의 구수한 입담과 재치로 37년간 최장수 진행을 해오고 있다. 아흔이 넘은 나이에 전국을 다니며 방송을 하고 전 국민의 '오빠' 소리를 들으며 왕성한 활동을 한다는 것이 내가 롤모델로 삼은 이유다. 나도 그렇게 활동하고 싶다. 나이 상관없이 전 국민의 사랑을 받는다는 것이 어디 쉬운 일인가? 나도 늦게 시작한 공부에 늦게 시작한 강사이기에 그와 같은 나이까지 활동할 수 있으리라고 보고 그와 마찬가지로 전 국민들 상대로 강의하는 자신의 모습을 상상해 보는 것이 일상화가 되었다.

그가 사랑받을 수 있었던 이유는 여러 가지다. 우선 성우출신이라 발음이 정확하다는 것과 지방에 촬영이 있을 때면 시장과 목욕탕에 가서 만나는 사람들과 이야기를 나누며 그들의 정서를 살핀다고 했다. 그런 그의 열정은 무대에서 관객들과의 대화에서 고스란히 묻어나니 어찌 사랑받지 않을 수 있겠는가?

장수프로그램이 있기에 장수 MC가 있다. 또한, 그의 오프닝 멘트를 장수의 비결로 꼽는다. 그의 오프닝 멘트는 그의 입에서 시작되어 관객의 입에서 맺음을 맺는다. 〈전국노래자랑〉이 트렌드가 급변하는 디지털시대에도 포맷의 큰 변화 없이 꾸준히 사랑을 받을 수 있었던 것은 프로그램 시작에서부터 관객, 시청자가 함께 참여할 수 있는 여지를 주는 인터랙티브한 성질이 있었기 때문이라고 한다. 그는 한 인터뷰에서 MC의 역할을 이렇게 말했다.

"전국노래자랑의 주인은 시청자인 국민이고, 전국노래자랑의 꽃은 지역 출연자들이에요. 사회자와 제작진은 그 꽃들이 아름답게 피도록 물을 주고 가꿔주는 일을 할 뿐이죠."

또 한 사람은 김미경 강사다. 그녀는 대한민국대표강사라고 해도 과언이 아니다. 그녀 또한 나처럼 학원장 출신이었다. 학원성공사례를 발표하게 된 것이 강사로서 길을 걷게 된 계기였다고 했다. 이후 철저한 준비와 노력으로 타의 추종을 불허하는 콘텐츠를 만들어 내고 현재에 이르렀다. 나도 그녀처럼 되고 싶어 그녀의 강의를 죄다 들었으며, 그녀가 쓴 책도 모두 읽었다. 넉넉하지 못한 가정형편과 그 당시 그녀가 처한 여건, 즉 현실의 부족함이 큰 재산이 되었다고 말했다. 그녀는 지금 강의로 전국투어를 다니고 있다. 그녀가 울산에 왔을 때 그 강의를 들었고, 나도 나만의 콘텐츠로 전국투어를 다니겠다고 감히 떠들 수 있었다. 머지않은 미래에 난 꼭 그렇게 할 것이다.

《육일약국 갑시다》를 참 인상 깊게 읽었다. 그건 다름 아닌 김성오 대표의 영업전략 때문이었다. 4.5평밖에 되지 않는 작은 약국을 동네 택시 포인트로 만든 것은 다름 아닌 김성오 대표의 입으로 소문내기 시작하면서였다. 아무도 알아주지 않는 약국이 동네 랜드마크가 되기까지는 3년이 걸렸다. 3년 동안 무수히 '육일약국 갑시다'를 외친 덕에 창원에서 택시기사가 '육일약국'을 모르면 간첩이라 할 정도가 되었다. 아무도 알아주지 않았지만, 그는 끈기 하나로 이루어냈다. 그의 끈기 뒤에는 동네사람들과 택시기사들의 도움이 있었다. 그렇게 시작한 약국이 기업형 약국으로 키울 수 있던 배경은 '사람'이라고 말한다.

책을 통해, 또는 사람을 통해 지나온 나의 경험들은 모두 내겐 소중한 디딤돌이다. 학원을 하면서 수많은 학생과 학부모들을 만났고, 회사생활에서도 마찬가지였고, 튜터를 하면서 매학기 수백 명의 학생들을 지도하던 때도 난 사람들과 함께였다. 지금은 많은 강사들과 함께하고 대중강연을 할 수 있는 대상도 역시 사람이다. 나의 콘텐츠는 나의 삶의 과정을 통해 사람으로 인해 빛을 발한다.

지금은 평생학습시대이자 론제비티사회다. 또한, 4차 산업혁명의 시대로 많은 직업을 로봇이 대체한다 해도 강사는 로봇이 대체할 수 없다는 것이 내 생각이다. 학문적인 지식은 로봇이 전달해 줄 수 있을지 모르지만, 로봇이 사람의 감정까지 전달은 하지 못하기 때문이다. 가장 오래 살아남을 직업으로 강사가 경쟁력이 있다고 본다. 그런 생각을 하는 순간 또다시 가슴이 뛴다. 사라지고 없어지는 직업이 아닌 영원히 사람과 함께할 직업을 내가 갖고 있기 때문이다. 내가 선택한 강사로의 삶의 과정이 앞으로 나의 미래에 확실한 디딤돌이 되고 있다.

강사의
딸

나도 엄마를 많이 닮았듯 딸내미도 나를 많이 닮은 것 같다. 자식이니까 당연히 닮겠지, 라고 할 수도 있겠지만 그렇지 않은 경우도 많지 않은가. 난 엄마의 부지런함을 통해, 묵묵히 일하고 있는 것을 보며 나도 그리해야 하는 줄 알았고 그렇게 해왔다.

딸내미도 그랬다. 어릴 때부터 늘 보던 엄마의 모습이 있었기에 딸은 선생님 흉내를 많이도 냈었다. 여름에 유치부를 데리고 경주월드에 갔을 때이다. 안전사고 예방을 위해 난 진작부터 반바지 차림으로 아예 수영장 안에서 아이들을 돌본다. 아이들이 여차하다 물을 먹게 되거나 빠지는 상황이 생기게 될까 봐서다. 정작 학원 인솔교사들은 바깥에서 구경만 하고 있는데 중학생인 우리 딸은 놀기를 포기하고 물속에서 나처럼 아이들을 돌보고 있었다. 물을 무서워하는 아이들을 잡아주기도 하고 눈을 크게 뜨고 행여 물에 허우적거리는 아이들이 있나 없나를 살피는 것이었다. 물론 내가 시킨 것도 아니었다. 엄마가 하니 당연히 주인의식으로 중학생임에도 그런 행동들이 나왔다.

그런 딸내미에게 늘 미안한 것이 있었다. 다른 사람에게 늘 양보를 하라고 가르친 거였다. 학원을 하면서 딸내미와 노는 친구들은 거의 학원생들이었기에 아이들끼리 놀다 싸워도 무조건 양보만을 가르쳤다. 그런데도 그 양보를 거스르지 않고 잘 따르고 지내와 줬다.

중학교 때까지는 자다가 일어나보면 새벽까지 공부하고 있는 딸내미를 늘 발견했고 '제발 공부 그만하고 자라.'라고 할 정도로 열심이었다. 자신과 경쟁상대인 친구의 이름을 거울에 붙여놓고 'OO꺾기'라는 목표를 세우고 공부하더니 결국 그 친구를 꺾었다. 목표의 시각화인 셈이다.

딸이 고3 때 다른 엄마들은 대입정보를 퍼 날라 주는데 나는 내 공부하기 바빠 그러질 못했다. 유일하게 딸을 위해 하는 거라곤 바로 집 앞이 학교라 토요일이면 학교에서 급식을 안 하는 관계로 우리 집에 친구들이 와서 차지하도록 공간을 완전히 비워주는 거였다….

울산대를 다니며 총 8개 학기 중 6개 학기를 장학생으로 다녔다. 그중 서울의 국민대 6개월, 고려대 6개월 총 일 년을 수도권 학점교류학생으로 서울생활을 했다.

엄마는 뒤늦게 꿈을 발견하고 목표를 세웠지만, 딸내미는 중학교 때부터 목표를 하나씩 정해 이뤄가고 있었다. 대학을 지방에서 다니는 대신 서울생활을 하고 싶어 학점교류학생을 지원했고 높은 경쟁률에도 선발되었다. 그렇게 인서울 대학생활의 목표를 이룬 다음은 해외유학이었다.

유학을 목표로 둔 딸은 대학 1학년 때부터 회화학원을 꾸준히 다녔고, 서울 가서도 토플공부를 위해 새벽반 등록을 하고 부족한 용돈을 위해 알바도 하였다. 3학년 1학기를 마친 후 휴학을 하더니 본격적인 유학준비에 나섰다. 대형마트 안내데스크에 정식직원으로 당당히 입사했다. 1년간 근무를 하면서 월급 대부분을 저축하여 유학자금을 마련했다. 일하면서 언니들의 개념 없는 갑질에 시달리면서도 본인의 꿈을 위해 포기하지 않았다. 예를 들면 안내데스크는 낮 근무를 3교대로 조 편성해야 하는데 주말은 언니들의 휴무로 잡고 딸은 평일로 휴무를 잡아준다거나, 저녁 근무 후 다음 날 새벽 근무를 딸에게 배정하는 등이었다. 당장 그만두라고 하고 싶지만 그럴 수 없었다. 엄마로서는 그것보다 서서 일한다는 것이 더 마음이 아프고 애가 쓰였다. 난 잠시만 서 있어도 다리가 아픈데 하루 종일 서 있어야 하는 일이니 얼마나 힘들까 싶었다. 육체적으로 힘든 일은 정말 시키고 싶지 않았다. 그래서 난

"서서 일하는 게 힘들면 그만둬라." 하지만 "언니들 때문이라면 견뎌라." "어딜 가든 그런 사람은 꼭 있으니 견뎌내야 한다."라고 말할 수밖에 없었다.

가슴 아픈 이야기다. 결국, 딸은 일 년 동안 악조건에도 견디어 내고 유학 결정이 나고서야 사표를 내고 나왔다.

유학준비과정도 쉽지 않았다. 비자발급을 위한 과정 때문이었다. 은행잔고가 일정액 이상 되어야 하는데 모든 걸 정리하고 맨바닥에서 다시 시작하는 우리로서는 은행잔고가 문제였다. 부딪히니까 방법이 있었다. 남들 쉽게 가는 유학이 딸내미에게는 '유학 만들기' 프로젝트였다. 나와 딸은 그 순간을 그리 명명했다.

그러한 과정을 거쳐 딸은 캐나다로 출발했다. 딸내미가 도착했다는 연락이 올 때까지 안절부절못했다. 혹 유학사기 이런 것일 수도 있으니까. 마침 픽업 나온 사람들과 집으로 이동하고 있다는 연락이 왔고 집이 어떤지 도착하면 연락을 달라고 했다.

"엄마, 방이 지하야."

순간 한방 얻어맞은 기분이었다. 갑자기 손이 부르르 떨렸다. 사기일지도 모르겠다는 생각을 했다.

딸에게 짐을 풀지 말라고 하고 유학대행 업체에 연락했다. 딸내미의 놀라고 황당한 마음까지 보태어 막 따졌다. 시차가 있다 보니 확인하고 연락이 닿는 데까지도 며칠이 걸렸다. 결국, 한 달 뒤 집을 옮겨주기로 하고 마무리되었다. 업체에서는 집 구조까지 확인을 하지 않고 알선만 하는 그런 형태인 것 같았다. 아무리 돈이 문제이기로서니 딸에게 지하방을 쓰게 할 수는 없었다.

딸내미의 적응력은 굉장했다. 바로 다음날부터 페이스북을 통해 그쪽 생활을 올리는데 나만 괜한 걱정을 하고 있음을 알게 되었다. 다행히 한국 사람들이 많아 생활하는 데는 불편함이 없었다고 했다. 그런데 생활비가 문제였다. 난 한 달에 160만 원씩을 보내는 게 버거웠지만 거기서는 겨우 생활하는 비용밖에 되지 않았다. 딸내미는 부족한 생활비를 메꾸고 여행자금 마련을 위해 주말이면 16시간씩 알바를 했다고 했다. 그렇게 번 돈으로 캐나다 인근 미국 등을 골고루 여행을 다녔다. 유학보다 여행한 것만 해도 본전 뽑았다고 할 정도로 딸은 알찬 생활을 했다.

한 번도 힘들다고 한 적이 없었다. 울고 싶었지만, 더 힘든 상황에 울기로 마음먹고 울음도 늘 참고 미뤘다고 했다. 1년을 지내면서 늘 미뤄둔 그 울음은 결국 울지 않고 마칠 수 있었다고 했다. 유학의 마무리 또한 여행이었다. 짐을 먼저 보낸 후 그동안 다녀보지 못한 여행지로 마지막 일주일을 여행한 후 한국에 돌아왔다. 대단한 기획력이었다. 정말 멋진 딸이었다.

한국에 돌아온 딸은 많이 성장한 듯 보였으나, 그동안의 생활이 쉽지 않았음이 생활태도에서 나타났다. 목표가 뚜렷했던 그전보다 마음이 많이 풀어졌고 엄마인 나와도 자주 부딪혔다. 남들도 딸과 엄마는 친구인 듯하면서도 많이 싸우기도 한다지만, 그동안 대견스럽고 묵묵히 해왔던 딸이라 내가 더 적응이 안 되는 것일 수도 있었다.

딸에게 있어선 엄마가 있었지만 늘 가까이 없는 엄마였다. 딸이 필요할 땐 언제나 멀리 있었다. 딸이 고3 때부터 정말 가까이서 챙겨줘야 할 시기에 엄마는 엄마의 꿈을 찾아 달리고 있었다. 내 엄마가 묵묵히 일하는 것을 통해 나는 그게 익숙해 버렸고 그렇게 하는 것이 엄마의 역할인 줄 알았다. 딸내미와 자주 부딪히게 되면서 비로소 엄마인 내가 문제일 수 있겠다는 생각을 처음으로 했다. 왜 이리 엄마와 자주 부딪힐까를 생각했다. 과거를 쭉 떠올렸다. 아무리 생각해도 딸이 필요할 때 가까이 없었다는 게 가장 큰 이유였을 것 같았다. 그땐 딸은 나처럼 묵묵히 불평하지 않고 지내왔다. 그런데 엄마와 진짜로 멀리 떨어져 있는 2년 동안 딸이 힘들었던 것을 한꺼번에 쏟아 내는 것 같았다. 내가 밖에 있을 때 딸이 전화 오면 "엄마 바쁘니 끊어." 이런 엄마였다. 엄마가 하는 일이 전부이고, 그러니 딸인 너는 당연히 그걸 알아주어야 한다는 생각이었다. 그동안은 난 엄마도 아니었다.

거기다 취직도 잘되지 않았다. 이력서를 수도 없이 넣었지만 오라는 데도 없었다. 졸업 후 목표 없이 지내는 동안 엄마와는 수도 없이 부딪혔다. 그러다 '취업성공패키지'를 권했고, 딸은 다시 욕심을 내기 시작했다. 6개월 만에 국가자격증 6개를 따고 이력서를 70여 군데나 내고서야 취직이 되었다.

마지막 면접을 보러 갈 때였다.

"엄마, 나 내 멋대로 이야기하고 올 게." 얼마나 취직이 안 되고 약이 올랐으면 저럴까 싶었다.

"그래, 그래라. 까짓거 니 마음대로 이야기하고 와라."

딸의 마음이라도 시원해지라고 맞장구 쳐줬다. 면접을 보고 온 딸은

"엄마, 여기 연락 올 것 같은데."

느낌이라는 것이 있었다. 이틀 뒤 연락이 왔고 청년 실업자에 종지부를 찍었다. 딸은 적은 월급에 적금을 알뜰히 넣고 생활해 나갔다. 엄마가 달라지기로 작정을 하고 어떤 일이든 딸이 부르면 달려갔다. 딸은 다시 예전의 딸로 돌아왔다. 아니 '엄마가 달라졌다.'가 맞을 것 같다. 딸이 엄마를 필요로 할 때 늘 가까이 없었음에도 엄마의 지금 모습을 자랑스러워한다. 그동안 딸이 문제가 아니었음을 증명하는 말이다.

딸의 기획으로 2018년 4월에 딸과 단둘이 일본으로 여행을 다녀왔다. 나 같으면 귀찮은 일일 것 같은데 스케줄을 손수 짜면서 이렇게 하는 게 너무 재미있다고 한다. 평소에 쉬는 날이면 어김없이 늦잠을 자건만 여행 중에는 새벽 6시에 깨워도 벌떡 일어났다. 이유를 물었더니 '내가 늦잠을 자면 놓치는 것이 너무 많기 때문'이라고 했다. 하나라도 더 경험하고 싶은 마음이리라….

2017년 6월에는 이사를 하면서 같은 빌라에 딸은 1층, 우리는 3층으로 이사를 했다. 딸의 다음 목표는 단독주택을 지어서 가는 거라고 했다. 꼭 그렇게 되었으면 좋겠다.

배움의
리더

서울에 〈세바시〉와 〈강연 100°C〉
가 있다면 울산에는 〈꿈파쇼〉가 있다. 꿈파쇼에서는 자신의 분야에서 끊임
없는 노력과 열정으로 다른 사람에게 선한 영향력을 미치는 사람을 찾아
강연쇼를 열고 그 주인공에게 울산 영웅이란 칭호를 준다.

꿈파쇼 대표 최해숙은 2013년 12월부터 〈울산영웅 100인 프로젝트〉를
실시하고 있으며, 2018년 10월 현재 울산영웅 75호까지 탄생시켰다. 최해
숙 대표와의 인연은 최 대표가 강사로 진행하던 프로그램에 수강하기 위
해 통화를 하면서였다. 관심 있던 프로그램이었는데 시간이 맞지 않아 수
강을 못하는 아쉬움을 통화로서 끝냈다.

그로부터 1년 후 다시 통화하게 되면서 최 대표는 나를 기억하고 있었
고 한 번도 만난 적은 없지만, SNS를 통해 소통해왔기에 이미 수년 전부터
알던 사이처럼 신 나게 이야기를 나누었다. 그녀는 에너지라면 그 누구도
따라갈 자 없는 대단한 열정녀였다.

그렇게 전화통화를 하면서 얼떨결에 꿈파쇼에 출연제의를 받게 되었고
울산영웅 23호라는 귀한 칭호도 받았다. 사실 영웅이라고 하기엔 부끄럽
지만 배움을 통해 꾸준히 꿈을 이뤄가고 있는 모습에서 받은 거라 감사하

게 생각하고 있다. 지금은 심사를 거쳐 까다롭게 영웅을 선정하고 있다. 지금의 영웅이 진짜 영웅인 셈이다.

꿈파쇼 강연 준비를 하면서 나는 나의 비전 세 가지를 제시했었다. 그것은 나만의 콘텐츠를 가지고 전국투어를 다닌다는 거였고, 또 하나는 명강사, 그리고 나머지는 2016년까지 책 출판을 한다는 거였다. 첫 번째 비전은 지금 진행 중이고, 두 번째 비전은 앞으로도 내가 계속 걸어가야 할 길이고, 세 번째 비전으로는 책을 출판하는 것이었는데 이것이 마음의 짐이 계속됐었다. 나와의 약속을 지키지 못한 것 때문이었다. 정 안 되면 대학원 과정에서 과제와 에세이 썼던 것을 모아서라도 출판하려고 파일로 모으는 작업까지는 했지만, 인쇄를 넘기지는 못했다. 그 후 2년이 지난 지금 드디어 그 약속을 지키게 되었다.

그리고 나만의 콘텐츠인 '프로를 위한 날개 달기' 프로그램이 2017년부터 여러 기관에서 진행되고 있고 그 프로그램으로 인해 많은 강사들이 훨훨 날고 있다. 2018년 8월 또다시 나만의 프로그램이 탄생했고, 6시간 과정 프로그램을 진행했었다. 자기혁신을 위한 '실천형 액션플랜 역량강화 과정'이 바로 그것이다.

꿈파쇼에서 붙여준 나의 별칭이 배움의 리더다. 2018년 시작하게 된 공부에서 꿈을 찾았고, 그 꿈은 지속적인 배움을 통하여 결과물이 나타났으니 그런 호칭을 붙여준 것 같다.

'학이시습지 불역열호'

2,500여 년 전 공자께서 하신 말씀이다. 학(學)을 늘 가까이하지만 정작

학교 다닐 때는 즐겁지 않았다. 학생들에게 물어봐도 공부가 즐겁다고 말하는 사람은 드물다. 그만큼 배움이라는 것은 누군가에겐 간절하고 즐겁지만, 또 누군가는 당연히 해야 할 과제이기 때문에 즐겁지 않을 수 있다. 그런데 지속적인 배움은 나로 하여금 높은 성과, 동기부여, 열정, 전념에 이를 수 있게 하는 열쇠가 되었다.

내가 배움의 리더인 만큼 난 또한 그 배움을 주위에 나눈다. 그리고 그 길을 일러준다.

강사과정 수료 후 강의를 하고 싶어도 무대가 없어서 못 하는 경우가 많다. 연습할 무대는 더더구나 없다. 그런 현실을 알기에 '진로비전 아카데미'라는 타이틀로 강사들의 강의무대를 제공해 준다. 강사들이 배운 것을 강의현장에 나가기 전에 강의를 연습해 보는 무대다.

강사들을 위한 강의역량 강화를 위해 시작한 프로그램이 제대로 그 역할을 톡톡히 하고 있다. 각자가 잘할 수 있는 내용으로 10분짜리 강의를 준비해서 다른 강사들 앞에서 강의하니 그야말로 실전무대인 셈이다. 강의하는 사람도 강의가 띄엄띄엄 있으면 감이 떨어지게 마련이다. 10분을 위하여 강사들은 많은 공부를 하게 되고 실전무대에 서 봄으로써 역량을 키워가고 새로운 콘텐츠에 도전하게 된다. 본인이 강의할 때는 본인이 잘하는지 못하는지 모른다. 다른 강사들의 강의를 들으면서, 강의하는 모습을 보면서 각자에게서 한가지씩만 좋은 점을 배워서 본인 것으로 만들면 이보다 더 좋은 공부가 어디 있겠는가? 그리고 시연 후 참석자로부터 칭찬 피드백을 선물로 받는다.

강사들에게 이야기한다. 잘 못하는 것을 보려 하지 말고 잘하는 것을 보고 칭찬해주라고 한다. 참석자들은 강의를 들으면서 칭찬할 거리를 찾는다. 본인과 다른 점을 찾는다. 찾아서 포스트잇에 정성껏 적어 전달한다. 시연 강사로서는 엄청난 선물이다. 성인일수록 칭찬받을 일이 드문지라 칭찬의 위력에 더 자신감을 갖고 다음 무대에 도전한다. 이것이 강사들에겐 무한한 희망이다. 실제로 많은 과정을 거치면서 눈에 띄게 성장해 나가는 모습을 자주 본다. 무대에 설수록 달라지는 강사들의 모습을 보면서 피드백과 동시에 나도 모르게 감격의 눈물을 보인 적도 있다.

'교육이 이렇게 사람을 성장시키는구나!'

그것은 이론적으로 알고 있는 내용이 아니라 실제 눈앞에서 펼쳐지는 광경이라 나도 모르게 그런 모습들이 연출되기도 한다. 교육은 성장이고 변화이다. 교육은 곧 희망이다. '진로비전 아카데미'는 강사들에게 희망을 주는 무대다. 난 그 무대의 감독이자 연출가이다.

학부모로 만나서 지금은 같이 강사로 활동하는 후배가 있다. 막 일을 시작한 주부이자 사회초년생으로 만난 게 처음이었다. 둘째 아기가 첫돌을 지나 겨우 걸음을 걷는 상태일 때 7살인 큰애와 둘째를 우리 학원에 맡겼다. 그렇게 시작한 일은 화장품 판매 아르바이트였다. 그러던 중, 본격적으로 일을 해보고 싶은데 무슨 일을 하면 좋을지 내게 상담을 해왔다. 결혼하기 전 미술학원 운영을 한 경험도 있는지라 애들도 커가는데 애들을 돌보면서 할 수 있는 공부방을 권했다. 그 후 공부방을 시작으로 현재는 입시학원을 운영하고 있다. 그러나 같은 일을 오랜 기간 하다 보니 뭔가 변화를 주고 싶은데 뭘 하면 좋을지 모르겠다고 했을 때, 진로비전강사양성과정 수강을 권했다. 수료 후 진로멘토링 강사파견이 많을 때라 다양한 직업적 경험을 한 탓에 여러 차례 파견을 나갔다. 그때 그 후배가 이렇게 말했다.

"언니가 날 두 번 살려 주었어요?"

"내가?"

처음 공부방을 권할 때가 첫 번째였고, 작년 정말 삶이 무료하고 싫어 뭘 하면 좋을지 고민하고 있을 때, 자기를 세상 밖으로 끌어내어 줬다는 것이었다.

평소 말을 똑 부러지게 잘하는 성격이라 강의를 하면 잘하겠다는 생각에 권했고, 애들 키우면서 밖으로 다니는 일보다는 일하면서 애들을 돌볼 수 있는 일이라 공부방을 권했는데, 그 감사함을 늘 마음에 안고 지내고 있다고 했다.

내가 먼저 배우고 익혔으니 그 배움을 또 나눌 수 있었다. 그 후배는 지금 강사로서 아주 탄탄한 경력을 쌓아나가고 있다. 그렇게 성장해 나가는 모습을 보는 나도 좋고 그 후배도 변화하는 자신의 모습에 늘 감사해 한다. 이러한 이유들이 나를 가만히 머무를 수 없게 만든다. 난 앞으로도 지속해서 배우고 또 주위에 그 배움을 계속 나눌 것이다.

강의력은
경험에
비례한다

강사에게 있어서 중요한 요소들은 너무나 많다. 강사는 강사다운 복장과 이미지를 갖추는 것이 굉장히 중요하다. 누가 한눈에 봐도 '강사구나!'라는 느낌이 드는 이미지를 풍기는 것이 필요하고, 그것이 프로강사가 갖춰야 할 자세이다.

물론 강의내용도 중요하다. 하지만 내가 생각하는 강사는 강사다운 복장과 자세가 반드시 필요하다는 생각이다. 두 번의 강사과정에 교육생으로 참여하면서 상반된 경험을 했다. 하나는 강사의 매너나 자세, 복장에서 넘치는 카리스마를 발견했다. '강사는 저래야 하는구나.' 그 과정에서는 강사의 복장과 자세를 배웠다. 다른 과정에서는 어떤 강사는 반바지 차림이었고, 어떤 강사는 집에서 그냥 있다가 나온 듯한 복장이었다. 내가 강사가 되겠다고 생각하면서 생긴 관찰이었는지도 모르겠지만 '저건 아니다.'라는 생각이 들어 강사과정 진행 시 꼭 들려주는 이야기다.

그리고 강의내용이 아무리 좋다한들 그것을 제대로 전달하는 전달력도 매우 중요하다. 전달력은 있는데 강의내용이 없으면 그 또한 청중들에 대한 예의가 아니다. 그러니 이 두 가지 요소들이 잘 믹스되어 강의현장에서 청중들과 원활한 소통을 할 수 있어야 한다. 그것이 바로 '강의력'이다.

강사의 강의력은 다양한 경험에서 나온다. 경험이 많을수록 풀어낼 수 있는 이야기들이 많기 때문이다. 물론 책을 많이 읽으면 강의내용이 풍부해질 수 있지만. 그것보다 청중들을 더 감동시킬 수 있는 것은 다름 아닌 강사가 직접 경험한 사례들이다.

강사에게 있어서 모든 경험은 강의소재가 된다. 나도 처음엔 에피소드를 어떻게 강의에 녹여 내야 하는지를 몰라 애를 먹었다. 이 경우 아무리 열심히 한다 해도 감동이 없는 밋밋한 강의가 될 수밖에 없다.

강사과정에서 열심히 발품을 팔던 중 다른 강사가 강의하는 과정에서 비로소 무릎을 '탁' 쳤다. 그전엔 다른 강사의 강의를 아무리 들어도 그게 와 닿지 않았다. 내 것이 되지 않았다는 뜻이다. 그런데 그날은 그날의 주제에 맞게 이야기를 풀어나가는 과정에 자신의 가족이야기를 적절히 믹스해서 풀어내는데 그제야 '아!' 하고 탄성을 질렀다. 내겐 굉장히 소중한 통찰의 순간이었다.

그로부터 비로소 나도 나의 에피소드들을 강의에 적절히 녹여내기 시작했다.

원숭이의 우리 속 높다란 천장에 끈으로 바나나를 매달아 놓고 바닥에는 여기저기 몇 개의 상자가 흩어져 있다. 원숭이는 바나나를 따 먹기 위하여 상자 하나를 먹이 밑에 옮겨 놓고 따기를 시도하였으나 실패하였다. 원숭이는 한참 후에 먹이 밑의 상자 위에 다른 상자를 올려 쌓고 그 위에 올라가서 바나나를 따 먹게 되었다.

이처럼 원숭이가 짧은 막대기로 긴 막대기를 끌어당긴다든가 또는 상자 위에 상자를 올려 쌓고 문제를 해결하는 것은 원숭이가 그 상황을 파악하고 순간적으로 문제를 이해하고 해결하는 것으로 이를 볼프강 쾰러(Wolfgang Kohler)는 통찰(Insight)이라고 불렀다.

퀼러는 원숭이가 이처럼 문제를 해결하는 것은 원숭이들이 문제를 하나 전체로 파악함으로써 가능한 것이라고 보았다. 상자를 쌓아 올리는 과제에서도 바나나와 상자를 별개의 부분으로 보지 않고 하나의 전체적인 안목에서, 지각을 재조직한 뒤에 문제해결을 위한 통찰이 일어난 것으로 보았다. 통찰은 흔히 갑자기 영감처럼 일어나기 때문에 '아하'라는 감탄의 경험을 동반하므로 '아하현상'(Aha Phenomenon)이라고도 한다.

강사들이 이러한 통찰의 과정을 거치고 나면 그때부터는 모든 현상들이 강의소재로 보이기 시작한다.

동물도 눈을 뜨는 시기가 있듯이 강사도 강의의 눈을 뜨는 시기가 있다. 그건 오로지 경험만이 답을 줄 수 있다.

제천에 진로캠프강의를 갔을 때였다. 전날 숙소에서 멀쩡하던 노트북이 당일 현장에서 전원조차 들어오지 않았다. 7시간 강의를 해야 하는데… 아주 난감하였다. 그렇다고 손을 놓을 수는 없고 일단 PPT 없이 진행했다. 그러나 말로만 떠드는 건 한계가 있고, 시각적인 효과가 없는 강의는 지루할 수가 있기에 방법을 찾아보았다.

한두 시간 그렇게 진행하다 겨우 여유 노트북을 구해 왔는데 이번엔 교실 내 TV가 문제였다. 엎친 데 덮친 격이었다. 학교강의 갈 때는 때에 따라서 열악한 환경이 있을 수 있다는 것도 강사들은 늘 대비해야 한다. 결국, 학생들을 위해 준비한 자료들이 아까워 시청각실을 쓰겠다고 요청을 해서 진행할 수 있었다. 때마침 교내 순시 중이던 교감 선생님께서 그 광경을 보셨고 마무리 인사하는 과정에서 인상적이었다는 피드백도 받았다.

또한, 강사는 시간약속을 철저히 지켜야 한다. 강사의 경험담을 보면 날짜를 착각해서, 혹은 강의시간을 착각해서, 혹은 차가 밀려서, 차가 고장이

나서 등 다양한 사례들이 있을 수 있다.

나는 무조건 강의장에 30분 일찍 도착을 원칙으로 하고 있다. 단 장거리일 때는 1시간 이상 여유를 두고 출발한다. 일찍 도착해서 시스템을 점검해본다. 그렇게 여유를 갖고 출발을 해도 늘 변수는 있게 마련이다.

의령연수원에 갈 때였다. 그날도 여유 있게 출발했는데 양산부터 차가 막히기 시작했다. 시간 여유는 있었지만, 그때부터 속은 바짝바짝 타기 시작했다. 정체는 계속되고 차는 움직이지도 않고, 결국 차선의 대책을 세우기 시작했다. 진행 측에다 전화해서 상황설명을 하고 도착이 늦으면 다음 시간 강사와 강의를 바꾸는 걸로 양해를 구한 다음 출발했다. 양산을 벗어나 함안 근처에서 또 정체가 시작되었다. 그날 따라 곳곳에 사고에 공사에 차는 정체가 되었고, 정체된 차 안에서 마음만 열심히 달리고 또 달렸다. 결국은 아슬아슬하게 도착하여 정상적으로 강의를 진행할 수 있었다.

모 단체 워크숍에 강의를 갔을 때다. 난 50분 강의에 10분 쉬는 걸 원칙으로 진행하고 있다. 그러나 강사양성과정에서는 다르다. 그때는 쉬는 시간을 아껴가며 3시간 강의에 10분 정도만 쉰다. 그것은 강사들이 하나라도 더 배우겠다는 의지가 강한지라 쉬는 시간이 오히려 미안해서이기도 하다. 그렇게 강의시간이 정해져 있지만, 담당자에게 꼭 마치는 시간을 미리 물어본다. 왜냐하면, 기관의 사정에 따라 좀 빨리 마쳐달라고 요청하는 경우가 있기 때문에 마치는 시간을 미리 알아야 강의 마무리를 잘할 수 있기 때문이다. 그날은 그대로 진행해도 된다는 담당자의 말이 있어서 내 페이스대로 진행하고 있었다.

두 번째 시간 중반 무렵 갑자기 5분 뒤 마쳐달라는 담당자의 메모가 도착했다. 황당했다. 중요한 활동과 메시지들이 남아있었는데, 결국 급히 마무리하는 바람에 마지막 클라이막스 장식의 시간을 놓치고 말았다. 이 경우 교육생들은 모른다. 그냥 강의가 좋았다고 하지만 강사의 입장은 다르다. 왠지 찜찜하고 밥을 먹다가 만 느낌 그 차체였다. 노트북을 챙기면서 급히 마쳐야 하는 연유를 살폈다. 기관장의 갑작스러운 방문으로 인사를 해야 하고 바로 출발해야 한다는 것이 이유였다. 씁쓸했지만 강사의 경험은 쌓일수록 점점 자신이 단련되고 단단해지고 있었다.

경상도말로 '식겁한' 날도 있었다. 모 기관에 강의 갔을 때였다. 그날도 교육장에 도착하니 교육생들은 점심식사 후 동영상을 보고 있었다. 뒷자리에 앉아 동영상이 끝나기를 기다렸고 교육담당자의 손짓에 앞으로 이동하여 포인터를 꺼내고 USB를 꺼내려는데, '아뿔싸!' USB가 보이지 않았다. 오전에 내용을 수정하고 USB에 담은 것까지는 기억나는데, 짧은 순간 머릿속에 수만 가지 생각이 지나갔다. 교육담당자는 내가 준비가 끝나기를 기다리고 있었고, 교육생들은 날 쳐다보고 있었다. 항상 두 개의 USB를 가지고 다니기에, 또 하나의 USB에 뭐가 있나 보려니 파일이 열리질 않았다. 그 기관은 보안 때문에 인터넷이 되지 않는다. 그러니 메일에 들어있는 파일도 '그림의 떡'일 뿐이다.

더 이상 시간을 지체할 수 없어 일단 시작하고 보자는 마음으로 음악하나 틀어 인사하고, 손뼉 치고, 노래하고, 선물도 주었다. 그러면서도 머릿속은 3시간 강의를 구성하기 시작했다. '그래 좋다, 오늘은 내 얘기로 시작하자.' 이런 생각으로 서두를 열고 미션을 줬다.

그런데 의외였다. 같은 교육생에게 두 차례씩 가는데 1차교육 시 얘기를 꺼리던 사람들이 강사의 애타는 속마음을 읽은 듯 이번에는 시간 가는 줄 모르고 적극적으로 이야기를 풀어내는 것이 아닌가? 제한시간을 줬는데도, 돌아가며 이야기는 끝없이 이어졌다. 이런 기회가 없었다고 했다.

그리고 팀 내 발표 후 준비해서 가지고 간 활동지를 시켜놓고, 행여 예전 USB에 파일이 열리나 살펴보니 하나가 열렸다. '와우! 살았다.' 속으로 마음은 콩콩 뛰어오르고 있었다. 갖고 있는 자료 중 대상과 관계없이 강의 가능한 파일이 하나 있었다.

두 번째 시간부터는 저걸 하면 되겠다고 생각하니 갑자기 신이 났다.

그리고 휴식시간, 의자에 있는 옷을 드는 순간 거기서 내가 안 가져온 줄 알았던 USB가 뚝 떨어졌다.

'와우!' 이건 감히 말로 표현할 수 없는 기쁨이었다.

처음 교육장에 들어왔을 때 뒤쪽에 앉아 있으면서 일부를 꺼냈던 것이 옷에 딸려 있었던 모양이었다. 이 기관의 교육생은 매번 바뀌는데 담당자가 항상 자리에 있어서 갈 때마다 내용을 조금씩 수정해서 가곤 한다. 그날도 내용을 수정하면서 안 가져온 줄 알았다.

두 번째 시간 시작할 때 담당자에게 USB가 없었으면 강사료 안 받으려고 했다고 하니 웃으셨다.

정말 아찔했던 순간이었다. 그때 이후 강의 갈 땐 '자나 깨나 USB 챙기기'를 확인하고 또 확인한다.

나는
프로
강사다

'**나는** 프로강사다'는 우리 진로강사들의 캐치프레이즈이다. 모두가 프로가 되기를 꿈꾸기 때문에 미리 '나는 프로 강사다'를 선언하고 시작한다. 그리고 내가 진행하는 강사양성과정의 프로그램명 앞에는 '프로를 위한 날개 달기'이다. 강사과정에서 프로를 위한 날개를 단 다음의 행보가 '나는 프로 강사다'이다. 어차피 강사의 길로 들어선 이상 프로가 되어야 하지 않는가? 자리가 사람을 만든다고 했다.

나도 본격적인 강의를 시작하자마자 스스로 '나는 프로 강사다'를 외쳤다. 프로강사라는 것은 하늘에서 그냥 뚝 떨어지는 것도 아니고 맞춤형 옷도 아니다. 프로의식을 갖고 스스로 프로임을 자부하면서 강의에 임하면 그것으로도 충분히 프로강사일 수 있다. 강사들은 자기소개 시 각기 자기만의 특색 있는 언어로 자신을 교육생들에게 어필한다. 그것도 프로의 모습이다.

처음 강사과정에 입문한 단체에서 프로필을 카페에 올리라고 했을 때 난 프로필을 올릴 수 없었다. 프로필에 쓸 내용도 없었지만, 그것보다 오히려 강의가 들어올까 봐 겁이 나서였다. 준비되어 있지 않은데 괜히 강의했다가 피드백이 안 좋으면 어떡하나 그것이 걱정되었다. 그러나 그런 걱정은 나만의 환상에 불과했다. 강의는 절대로 그런 식으로 섭외가 들어오지 않는다는 걸 알게 된 것은 한참 후였으니까. 그때는 프로의 기본도 갖추지 못한 때였다.

그 후 난 프로가 되기 위해 부단히 노력했다. 그 노력들은 결국 나만의 퍼즐이론으로 인해 점점 완성되어 가고 있었다. 각기 다른 낱낱의 조각들은 훌륭한 지식들이자 흥미들의 집합체로, 시간이 지날수록 하나의 창조된 작품을 만들어 내는 것을 의미했다.

10분짜리 퍼즐 한 조각을 위해 한 달 동안 머리를 싸매었고, 그 짧은 한 조각의 퍼즐 강의안들이 모여 지금의 내 강의 구석구석에서 활용되고 있다. 이렇게 모여진 내용들은 머릿속에 자유로이 자리하다가 수시로 '헤쳐 모여!'를 반복한다. 특히나 이 퍼즐들은 돌발상황 시 긴급 투입되는 아주 전략적인 전투부대들이다.

가끔은 교육장의 분위기에 따라, 대상자에 따라, 지역에 따라, 리액션이 다르게 나올 때도 있다. 그래서 리액션 유무에 따라서 시간이 남기도 하고 모자라기도 한다. 모자랄 경우는 시간에 맞춰 적절히 마무리 멘트를 하면 되지만 시간이 남을 경우가 문제다. 그럴 경우를 대비해서 더 많은 내용들을 준비해 가기도 하지만 그보다 더, 나는 이러한 퍼즐들을 긴급 투입시킨다. 그것들은 아주 적절하게 자기 자리를 잘 잡아주고 나의 작품에 그 역할들을 톡톡히 해줬다.

지금도 난 계속해서 퍼즐작업을 하고 있으며 그 퍼즐들은 나의 귀중한 지적 자산이 되고 있다.

이 또한 '나는 프로강사다'라고 선언한 이후 터득한 결과물이다.

지금은 교육컨설팅과 비영리 단체인 '진로비전 아카데미'를 운영하고 있다. 진로캠프 섭외가 많이 들어오기 시작하면서 시작된 진로비전강사양 성과정은 강사파견으로 이어졌고, 그 후 울산에서 활성화되고 있는 각급학 교 진로멘토링에 많은 강사들을 파견하고 있다. 강사들이 설 자리를 몰라 헤매고 있을 때 난 그들을 교육시키고 일자리를 연결해준다. 학교에서 요 청하는 직업군의 강사를 섭외하기 위해 어떤 날은 하루 종일 전화만 돌릴 때도 있다. 그렇게 해서 한 명의 강사라도 더 파견하게 되고 한 가지 직업 군이라도 더 확보하게 되면 나의 보람은 그만큼 커진다.

2017년 한해만 해도 진로멘토링 강사 파견 숫자는 연인원 146명, 2018년 10월 현재는 252명이나 된다. 전문직업인이라 하더라도 강의력 이 되지 않는 분들을 위해서는 원데이 특강으로 강사스킬을 업시켜주고 있다.

2017년 6월 처음으로 지자체 지원사업에 선정된 프로그램을 홍보할 때 였다. 보통은 외부에 과정안내 모집홍보를 하기 전에 진로비전 강사밴드에 먼저 공지한다. 그런데 공지를 올린 지 1시간 30분 만에 25명 정원에 40명 이 접수를 하는 것이 아닌가? 얼른 링크마감을 하고 결국은 선착순으로 하 되 그들의 요청 때문에 30명으로 접수를 마쳤다. 모두가 위의 활동상황을 지켜본 예비강사들의 목마름이었다.

많은 여성, 특히 경력단절 여성들이 뭔가 할 일을 찾는데 마땅한 일이 없어 고민한다. 그래서 여기저기 평생학습기관이나 자격증과정을 기웃거 리며 자신의 진로를 찾기 위해 바쁘다. 어떤 강사들은 취득한 자격증만 해 도 30개가 넘는다. 그 돈으로 학교에 갔어도 충분했겠다는 농담도 한다. 또 어떤 강사들은 '수강 전문강사'라는 말을 할 정도로 열심히 뭔가를 배운다. 모두가 프로가 되기 위한 몸부림이다.

그로부터 두 달 후 모 평생학습기관에 8주 과정 단기특강으로 같은 프로그램이 들어가게 되어 24명이 수료를 했다.

이렇게 수료된 강사들이 많아져서 이들을 위한 인적네트워크가 필요하겠다는 생각에 그 첫 번째 행사로 강사페스티벌을 개최했다. 처음엔 우리 강사들끼리 밥이나 먹자며 시작했던 것이 판이 커져 버렸다. 당시 나는 박사학위 논문계획서 발표준비로 행사준비에 전혀 신경 쓸 여유가 없을 때였다.

그런데 우리 강사들이 각기 역할 분담하여 일사불란하게 움직이는 것이 아닌가? 찬조물품들이 쏟아져 급기야 찬조마감을 하였고, 외부인력 전혀 도움 없이 사회, 이벤트, 마술, 스피치특강 등 아주 규모 있는 행사를 성대하게 치러냈다. 난 판만 펴놓았을 뿐인데 그 위에 우리 강사들이 멋진 잔치를 벌여줬다. 대단했다. '난 참으로 인복이 많은 사람이구나!'를 생각했다. 여기서 또 나는 완성된 퍼즐을 보는 느낌이었다.

교육업체 담당자도 참석했고 모 평생학습기관에서도 참석해줬다. 모두가 관심이었다. 한 표를 얻기 위해 인사를 오는 그런 분들의 참석과는 의미가 달랐다. 기관에서 지원해준 예산으로 양성된 강사들이 이렇게 멋진 인적네트워크를 구성하고 있다는 것을 보여주고 싶어 초대했다.

그리고 행운권 추첨에서 1등 상품이 50만 원 상당 진주목걸이였는데 그게 덜컥 내가 당첨되어버렸다. 1초의 망설임도 없이 바로 수석강사에게 양보하였는데 우리 수석강사는 또 양보하여 결국 그날 제일 활약을 많이 하면서 분위기를 띄웠던 강사가 당첨되었다. 이 광경은 결국 받을 사람이 받았다는 얘기로 당일 참석자들 모두 두고두고 훈훈한 미담이 되었다. 그들은 모두 프로였다. 미리 프로를 선언하고 외쳤지만 진정한 프로들이었다.

2018년에도 많은 일들을 했고 성과를 냈다. 또다시 평생학습지원사업에 선정된 프로그램을 4~6월 12주간 진행을 해서 25명이 수료를 했고, 단기 특강이 두 차례 각 8주간 진행되었다.

거기다 여성가족부 경력단절여성 직업훈련프로그램인 '커리어역량개발 디자이너 양성과정'을 맡아 152시간 진행하였다. 처음 커리어과정을 신청한 수강생들도 긴 시간 동안 수강하면 그 부담 때문에 과연 할 수 있을까를 걱정하더니 시간이 갈수록 프로그램의 매력에 빠져들었고 팀워크 또한 대단해졌다. 서로가 서로를 응원하고 격려하며 성장해 나가는 모습이었다.

커리어역량개발디자이너 과정은 강사로서 배울 것은 다 들어있는 종합 선물세트와도 같다는 수강생들의 멋진 피드백뿐만 아니라 우울증이 와서 무료한 일상을 보내던 찰나에 과정수강 후 자신감을 얻어 자신의 새로운 삶을 살게 되었다는 수강생들도 있었다.

특히나 200시간이 넘는 취업캠프강의 경력으로 7월에 의뢰가 들어온 특성화고 취업캠프를 멋지게 해내었다. 모 특성화고 1, 2학년 학년 학생수는 무려 570명, 각 학년 10개 반에 주강사 10명 보조강사 3명, 이틀간 총 26명의 강사가 투입되어 그들의 성공적인 취업을 위한 역량강화 캠프를 진행했다.

첫날 진행이 월요일이라서 당일 아침 많은 짐들을 세팅하는 게 무리일 것 같아 휴일인 일요일에 학교를 방문하여 사전 준비를 하였고, 두 차례에 걸친 강사들의 미팅으로 완벽한 행사를 위한 준비를 했었다.

행사 이틀 내내 학교는 온통 축제의 현장이었다. 기말을 끝낸 학생들의 긴장 풀린 상황을 캠프의 의미를 담아 자신의 에너지를 소리높여 끌어내는 시간들이었다. 교실 곳곳에서 터져 나오는 함성과 박수 소리는 그야말로 콘서트를 방불케 하는 현장이었다. 그렇게 캠프를 끝냈고 또한 멋진 결과 보고서를 책으로 제본하여 드렸더니 학교에서는 대만족이었다. 이러한 결과로 8월 개학하자마자 3학년 학생들을 위한 '취업전략 스킬업'이라는 주제로 또 한차례 취업캠프를 진행했다.

또한, 지금 현재 진행하고 있는 '프로를 위한 날개 달기' 프로그램 외에 새로운 콘텐츠를 선보였다.

자기혁신을 위한 '실천형 액션플랜 역량강화 과정'이 바로 그것이다. 8월 말 6시간 프로그램으로 홍보 하루 만에 정원 15명이 마감되었다. 강사활동을 하는 사람에겐 자신의 콘텐츠 확장으로, 강사활동을 하고 있지 않은 사람은 자신에게 동기부여가 되는 내용들로 구성되었다.

다른 지역에서 나의 활동을 보고 벤치마킹하겠다고 연락해 오는 사람이 있었다. 지난 1월 김해지부도 탄생했다. 그곳에서도 나의 프로그램이 잘 진행되어 많은 강사들에게 강의무대가 제공되길 바란다. 많은 강사들에게 강의역량 강화와 일자리제공 및 개인의 동기부여를 위한 프로그램인 '프로를 위한 날개 달기'와 '실천형 액션플랜 역량강화 과정'은 머지않아 전국으로 발품을 팔게 될 것이다. 특히나 '실천형 액션플랜 역량강화 과정'은 기업에서 많은 요청이 있을 것으로 기대된다.

꿈꾸는
삶은
아름답다

이 책은 나의 삶에 관한 이야기다. 특별히 유명한 사람도 아니고, 그저 평범한 이야기일 뿐이다. 생계를 위해 선택한 배움이 꿈이 되었고, 배움을 통해 나의 꿈을 성취해나가는 과정을 그렸다는 것이다.

미리 목표를 설정하고 시작한 삶도 아니었다. 목표를 설정하고 꿈을 꿀 수 있는 여건도 되지 않았다. 그런데 시작하고 보니 보이는 길을 놓치지 않고 좇아갔을 뿐이었다. 누구나 다 가능한 이야기다.

아버지에 대한 기억이 없는 나로서는 글을 쓰면서 처음으로 아버지에 대한 그리움에 하염없이 울었다. 울고 나니 가슴이 따가웠다. 다음날 글을 수정하면서 또다시 울음이 복받쳤다. 또 가슴이 아팠다. 더 이상 아버지에 대한 글은 읽을 수가 없었다. 엄마에 대한 그리움도 마찬가지였다.

일찍 돌아가신 아버지를 대신하여 7남매를 거두는 그 삶이 오죽하셨을까? 강한 엄마셨다. 그 강한 면을 막내딸인 내가 이어받은 것인지 아니면

보고 배운 것인지 힘든 상황이 생겨도 언제나 이겨내게 되었다.

　학원 할 때는 오로지 학원과 집만 오가며 열심히 했다. 방송대 가면서 비로소 세상에 대한 눈을 뜨게 되었고 그때부터는 나의 꿈을 좇았다.

　나의 꿈이나 목표가 있었기에 열심히 살았다. 사는 게 힘들다거나 고생스럽다고 생각해본 적도 없었다. 아니 그런 생각을 하는 것조차 내겐 사치였는지도 모르겠다. 그런 모습을 글로 쓰고 보니 엄청나게 고생한 내가 그려졌다. 그래서 고생한 나 자신을 생각하며 또다시 울음을 쏟아냈다.

　예전에 직장을 그만둘 때 울었던 눈물과는 다른 눈물이었다.

　목표가 있는 삶이라 힘든 만큼 내가 얻는 대가가 늘 있었다. '프로를 위한 날개 달기' 프로그램으로 진짜로 날고 있다. 진로비전 강사양성과정, 스폿 원데이, 강심장 PPT, 강의 스킬 UP 과정, 참여형 교수법 등 다양한 프로그램으로 강사들을 만나고 이렇게 만난 강사들은 또 울산의 강의현장을 누빈다. 끊임없이 강사역량강화를 위해 강의 연습무대를 제공한다. 그리고 나의 강의를 위해 강의현장을 뛴다. 이런 것들이 현재 나의 삶이자 보람이다.

　글쓰기야말로 진정 나를 제대로 알아가고 나를 바라볼 수 있는 것 같왔다. 이 글을 쓰면서 그동안 내가 보지 못했던 나의 삶의 면모를 샅샅이 들여다볼 수 있었다. 그리고 한계에 도전했다. 글쓰기를 2월 25일까지 마무리하고자 했던 나와의 약속을 지키고자 애썼다. 결국, 약속한 날짜를 며칠 지나 마무리하게 되었다. 나의 이름이 적힌 글이 세상에 나온다는 사실이 또 나의 가슴을 마구 뛰게 한다. 시시콜콜한 나의 이야기라 구질구질하게 느껴져 부끄럽지만 그래도 난 배움을 통해 꿈을 이룬 강사이자 작가이다.

감사를 드릴 분들이 너무나 많다.

나의 열정을 처음으로 세상 밖으로 끌어내 주신 이기곤 님, 언제나 넉넉하고 큰 사랑을 베풀어 주셨던 방송대 교육학과 조화태, 이해주, 윤여각, 전용오, 정민승, 이동주, 김영빈 교수님, 그리고 부족한 제자를 위해 나보다 더 많은 고민을 하시며 논문지도 해주시는 동의대 김진화 지도교수님, 늦깎이 제자의 학문적 걸음마를 지도해주신 교원대 김영석 교수님, 나의 첫 번째 꿈을 갖게 해주신 전달래 선생님과 두 번째 꿈을 갖게 해주신 김지영 소장님, 내가 강사로서 성장의 발판을 만들어준 장한진 대표님, 나의 발걸음이 후배들에게 동기부여가 된다며 특강을 자주 불러주신 울산여상 전 박문자 교장선생님, 배움의 리더라 칭하며 울산영웅에 추천해주신 최해숙 대표님, 튜터 때 담당했던 방송대 교육학과 학생들, 그리고 선 · 후배님들, 사랑하는 우리가족, 우리 알앤피 교육컨설팅 김미숙, 오옥란 두 분 수석강사님과 모든 강사님들께 이 자리를 빌려 깊은 감사를 드립니다.

이 책을 읽는 모든 분들의 꿈을 온 마음으로 응원합니다.

저자 한경옥

【 스 / 틱 / 의　도 / 서 / 들 · Books of STICK 】

제9요일
 이봉호 지음 | 280쪽 | 15,000원

4차원 문화중독자의 창조에너지 발산법　창조능력을 끌어올리는 '세상에서 가장 쉽고 가장 즐거운 방법들'을 소개했다. 제시한 음악, 영화, 미술, 도서, 공연 등의 문화콘텐츠를 즐기기만 하면 된다. 파격적인 삶뿐 아니라 업무력까지 저절로 향상되는 특급비결을 얻을 수 있다. 무한대의 창조에너지가 비수처럼 숨어 있는 책이다.

광화문역에는 좀비가 산다
 이봉호 지음 | 240쪽 | 15,000원

4차원 문화중독자의 탈진사회 탈출법　대한민국의 현주소는 좀비사회 1번지! 천편일률적인 탈진사회의 감옥으로부터 유쾌하게 탈출하는 방법을 담고 있다. 무한속도와 무한자본, 무한경쟁에 함몰된 채 주도권을 제도와 규율 속에 저당 잡힌 우리들의 심장을 향해 날카로운 일침도 날린다.

나는 독신이다
 이봉호 지음 | 260쪽 | 15,000원

자유로운 영혼의 독신자들, 독신에 반대하다!　치열한 삶의 궤적을 남긴 28인의 독신이야기! 자신만의 행복한 삶을 창조한 독신남녀 28人을 소개한다. 외로움과 사회의 터울 속에서 평생을 씨름하면서도 유명한 작품과 뒷이야기를 남긴 그들의 스토리는 우리의 심장을 울린다.

H502 이야기
 박수진 지음 | 284쪽 | 15,000원

희로애락 풍뎅이들의 흥미진진한 이야기　인간이 만든 투전판에서 전사로 키워지며, 낙오하는 즉시 까마귀밥이 되는 끔찍한 삶을 사는 장수풍뎅이들. 주인공인 H502는 매일 살벌한 싸움을 하는 상자 속에서 힘을 키우며 강해지고 단단해지는 비법을 전수받는다. 그러던 어느 날 상자 밖으로 탈출할 절호의 기회가 찾아와 목숨을 거는데 과연 성공할 수 있을까.

나쁜 생각
 이봉호 지음 | 268쪽 | 15,000원

자신만의 생각으로 세상을 재단한 특급 문화중독자들　세상이 외쳐대는 온갖 유혹과 정보를 자기식으로 해석, 재단하는 방법을 담았다. 피카소, 아인슈타인, 메시앙, 르코르뷔지에, 밥 딜런, 시몬 볼리바르, 전태일, 황병기, 비틀스, 리영희, 마일스 데이비스, 에두아르도 갈레아노, 뤼미에르 형제, 하워드 진, 미셸 푸코, 마르크스, 프로이트, 다윈 등은 모두 '나쁜 생각'으로 세상을 재편한 특급 문화중독자들이다. 이들과 더불어 세상에 저항했고 재편집한 수많은 이들의 핵 편치 같은 이야기가 펼쳐진다.

그는 대한민국의 과학자입니다 노광준 지음 ┃ 616쪽 ┃ 20,000원

황우석 미스터리 10년 취재기 세계를 발칵 뒤집은 황우석 사건의 실체와 그 후 황 박사의 행보에 대한 기록. 10년간 연구를 둘러싸고 처절하게 전개된 법정취재, 연구인터뷰, 줄기세포의 진실과 기술력의 실체, 죽은 개복제와 매머드복제 시도에 이르는 황 박사의 최근근황까지 빼곡히 적어놓았다.

대지사용권 완전정복 신창용 지음 ┃ 508쪽 ┃ 48,000원

고급경매, 판례독법의 모든 것! 대지사용권의 기본개념부터 유기적으로 얽힌 공유지분, 공유물분할, 법정지상권 및 관련실체법과 소송법의 모든 문제를 꼼꼼히 수록. 판례원문을 통한 주요판례분석 및 해설, 하급심과 상고심 대법원 차이, 서면작성 및 제출방법, 민사소송법 총정리도 제공했다.

음악을 읽다 이봉호 지음 ┃ 221쪽 ┃ 15,000원

4차원 음악광의 전방위적인 음악도서 서평집 40 음악중독자의 음악 읽는 방법을 세세하게 소개한다. 40권의 책으로 '가요, 록, 재즈, 클래식' 문턱을 넘나들며, 음악의 신세계를 탐방한다. 신해철, 밥 딜런, 마일스 데이비스, 빌 에반스, 말러, 신중현, 이석원을 비롯한 수많은 국내외 뮤지션의 음악이야기가 담겨있다.

남편의 반성문 김용원 지음 ┃ 221쪽 ┃ 15,000원

"나는 슈퍼우먼이 아니다" 소통 없이 사는 부부, 결혼생활을 병들게 하는 배우자, 술과 도박, 종교에 빠진 배우자, 왕처럼 군림하고 지시하는 남편, 생활비로 치사하게 굴고 고부간 갈등 유발하는 남편, 결혼에 실패한 이들의 판례사례를 통해 잘못된 결혼습관을 대놓고 파헤친다. 결혼생활을 지키기 위해 알아야 할 기본내용까지 촘촘히 담았다. 기본 인격마저 무너지는 비참한 상황에 놓인 부부들, 막막함 속에서 가족을 위해 몸부림치는 부부들 이야기까지 허투루 볼 게 하나 없다.

몸여인 오미경 지음 ┃ 서재화 감수 ┃ 239쪽 ┃ 14,800원

자녀와 함께 걷는 몸여행 길! 동의보감과 음양오행 시선으로 오장육부를 월화수목금토일, 7개의 요일로 나누어 몸여행을 떠난다. 몸 중에서도 오장(간, 심, 비, 폐, 신)과 육부(담, 소장, 위장, 대장, 방광, 삼초)가 마음과 어떻게 연결되고 작용하는지 인문학 여행으로 자세히 탐험한다. 큰 글씨와 삽화로 인해 인체에 대해 궁금해하는 자녀에게 쉽고 재미있게 설명해줄 수 있다.

대통령의 소풍 김용원 지음 | 205쪽 | 12,800원

인간 노무현을 다시 만나다! 우리 시대를 위한 진혼곡 노무현 대통령을 모델로 삶과 죽음의 갈림길에 선 한 인간의 고뇌와 소회를 그렸다. 대통령 탄핵의 실체를 들여다보고 우리의 정치현실을 보면서 인간 노무현을 현재로 불러들인다. 작금의 현실과 가정을 들이대며 역사 비틀기와 작가적 상상력으로 탄생한 정치소설이다.

어떻게 할 것인가 김무식 지음 | 237쪽 | 12,800원

나를 포기하지 않는 자들의 자문법 절대 포기하지 않고 끈질기게 도전하면서 인생을 바꾼 이들의 자문자답 노하우로 구성하였다! 정상에 오르기 위해 스스로를 연마하고 자기와의 싸움에서 승리한 자들의 인생지침을 담은 것. 포기하지 않는 한 당신에게도 기회가 있다. 공부하고 안내하면서 기회를 낚아챌 준비를 하면 된다. 당신에게도 신의 한 수는 남아 있다! 이 책에 그 방법이 담겨있다.

탈출 신창용 지음 | 221쪽 | 12,800원

자본과 시대, 역사의 횡포로 얼룩진 삶과 투쟁하는 상황소설 자본의 유령에 지배당하는 나라 '파스란'에서 신분이 지배하는 나라인 '로만'에 침투해, 로만의 절대신분인 관리가 되고자 진력하는 'M'. 하지만 현실은 그에게 등을 돌리고 그를 비롯한 인물들은 저마다 가진 존재의 조건으로부터 탈출하려고 온몸으로 발버둥치는데… . 그들은 과연 후세의 영광을 위한 존재로서 역사의 시간을 왔다가는 자들인가 아닌가…

흔들리지 않는 삶은 없습니다 김용원 지음 | 187쪽 | 12,800원

나의 삶을 지탱해주는 것들 100 삶을 끝까지 지속하게 하는 100가지 이야기! 세상으로부터 상처받고 좌절하며 심하게 흔들렸지만, 그 흔들림으로부터 얻은 소소한 깨달음을 기록했다. 몸부림치며 노력했던 발자취를 짧고 간결한 글과 사진으로 옮겼다. 세상을 돌아가게 하는 공공연하면서도 은밀한 암호들에 대해 해독하는 방법도 깨칠 수 있다.

하노이 소녀 나나 초이 지음 | 173쪽 | 11,800원

한국청년 초이와 베트남소녀 나나의 달달한 사랑 실화! 평범한 가정에서 평범하게 자라 평범한 30대 중반의 직장인, 평범한 생활, 평범한 스펙, 평범한 회사에 다니다가 우연히 국가지원 프로젝트를 맡으면서 베트남 생활을 하게 된다. 아이 같은 아저씨와 어른 같은 소녀의 조금은 특별한 이야기. 서울과 하노이… 서른여섯, 스물셋… '그들 사랑해도 될까요?'

아내를 쏘다
김용원 지음 | 179쪽 | 11,800원

잔인한 세월을 향해 쏘아 올린 67통의 이야기 세월의 감옥에 갇힌 한 남자의 이야기! 젖먹이 아이와 아내를 홀로 두고 뜻하지 않게 군에 간 남자가 세상과 아내를 향해 무한한 사랑과 그리움이 담긴 글을 쏘아 올린 것. 가슴 벅찬 즐거움을 줄 수도 있고, 마음을 아리게 할 수도 있다. 닫혀버린 시간과 그 애절함을 노래한 김용원 시인의 손편지는 각박하게 살아가는 그대에게 넉넉한 쉼과 치유의 힘을 준다. 언제나 그랬듯 편지는 그리움을 전달하는 가장 강력한 수단이고, 서로가 살아 있음을 알리는 메신저이자 무기다. 잠시나마 그리움의 바다에 퐁당 빠져볼 것을 강력히 권해본다.

탈출, 99%을
신창용 지음 | 331쪽 | 14,800원

존재의 조건이 찢긴 자들 《탈출》의 두 번째 이야기! 전 권을 읽지 않아도 이야기의 이해나 흐름에 방해받는 것은 없다. 주인공 'M'과 이야기를 이끄는 '파비안', 그들은 자본권력과 '1% 갑'의 폭력에 순치되거나 살아남으려 무던히도 애쓴다. 하지만 현실의 벽은 그들을 저 밑바닥 끝까지 내던져버린다. 민심의 권태와 법의 타락, 선한 정부의 무능과 언론의 동조, 그리고 만인의 폭력과 자본의 폭력에 의해 욕망의 화신이 된 것처럼 보이는 그들은 저 폭력들에 맞서는 것인지, 아니면 현실을 수용하는 것인지?

'99%을'은 저 폭력을 어찌해야 하며, 궁극의 '공존(共存)'을 어디에서 찾아야 하는지 이 소설은 묻고 파헤친다. 지난한 투쟁이 후세에 그 영광을 넘기는 바가 우주적 질서라면, 인간은 어떤 구제가 가능할까? 주인공 '파비안'은 저 근본 물음에 침묵하거나 어지러이 떠돈다.

'이 소설은 왜 예민한 현실의 정치와, 권력과, 경제를 천착하는가?' 세상을 지배하는 영역인 정치·권력·경제 세계에 눈을 감거나 지나친 방론에 머무는 인문이 무슨 의미인가를 묻는다. 세상을 좀 더 깊게 들여다보고 그 속에서 일어나는 일들을 진중하게 읽어볼 때다. 어쩔 수 없다고 떠들어대는 자본의 변명과 자기정당화, 과연 정당한가?

조물주위에건물주
신창용 지음 | 95쪽 | 4,800원

『탈출, 99%을』에게 바치는 진군가 경제와 함께 정치가 규정하는 큰 틀은 '1% 갑 : 99%을'의 삶을 구속한다. 책은 '갑들'의 리그에 대한 응징에 앞서 '99% 을들'의 희망에 초점을 맞췄다. 사회구조적인 종속관계에 걸린 '을(乙)들'의 서사와 이 땅을 지배하는 것들에 대한 단상들이 냉정한 논조로 펼쳐진다. 정치 무관심·외면, 재벌지배자, 권력자 팟캐스트, 일자리·일거리, 비정규직·영세자영업, 기회·결과의 평등, 사회안전망, 세월호, 미투, 촛불혁명, 김광석, 선거, 남북, 미국, 1가구1주택·감면, 헌법, 법언까지 한국에서 큰 이슈가 되었던 정치·경제·사회 주제를 재료로 소환했다.

"돈과 거짓 신화의 악마는 정치적 무관심이나 외면이 일상화된 사회를 탐한다. 정치에 관한 무관심이나 외면이 팽배한 곳은, 바로 재벌과 '1% 갑'이 '99%을'을 현혹하고 다스리기 딱 좋은 환경이다."

이 책을 읽을
당신과 함께
하고 싶습니다!

키 페 **cafe.naver.com/stickbond**
블로그 **blog.naver.com/stickbond**
포스트 **post.naver.com/stickbond**

stickbond@naver.com

이 책을 읽은
당신과 함께
하고 싶습니다!